大学生からはじめる

社会人基礎力
トレーニング

唐沢 明 著

丸善出版

まえがき

> コミュニケーションは読みながら書きながら、
> ワクワクスイッチを ON にして習得しよう!

　2012年の文化庁世論調査によると、「漢字を書く力が衰えた」66％、「手書きが面倒」42％が、メールが普及したこの10年で急増しました。大学生の現場においても、年々書く力だけではなく、話す力やコミュニケーション能力が低下してきています。
　人間関係や社会における仕事や人間力と比例するのが、コミュニケーション能力です。インターネットや携帯電話の影響で、書く、読む、話す、聴くのアナログコミュニケーションの能力が低下しており、大学生の自ら学ぶ姿勢や他者との会話力低下なども顕著になってきています。大学の授業は学生参加型ではなく、受け身のスタイルがまだ多く、90分授業がつまらない消化試合になり、単位さえ取得すれば問題なく卒業できるというネガティブな気持ちで授業にのぞんでいる学生もいます。そして、そのまま就職活動を迎えてエントリーシートや面接を通過できない、という負のスパイラルに陥ってしまう学生を毎年見てしまいます。
　私はできる限り、参加型の書いて話す、話して聴く、読んだことを書いたり、話したりすることで、五感をフル回転させて、眠らせない、楽しいあっという間の90分授業にするため、一人ひとりが主役になれる参加型ワークを中心に、インプットしたことをアウトプットさせる実践コミュニケーションのシラバスにしています。ワクワクしながらコミュニケーションを身につけ、楽しく伝えるレッスンが私の授業の基本スタイルです。
　本書は、私の授業をもとにした、書きながら、楽しみながら、コミュニケーションを学ぶことができる、学生との対話スタイルの教科書であり、ノートの構成にもなっています。みなさんにとって、くり返し復習

できるオンリーワンのコミュニケーションブックとし、上達し、習得していきましょう。
　たとえ高校時代までは国語が嫌いでも、人との会話や面接試験に苦手意識があっても、日本語や敬語にあまり自信がなくても、大丈夫です。心配ご無用です。昔のことは捨ててしまいましょう。
　じつは私も国語が苦手でコミュニケーションアレルギーでした。口下手で日本一のあがり症でした。しかしそんな私でも、嫌いから好きになり、不得意から得意に変わっていきました。
　ぜひみなさんも本書との出会いを通じて、コミュニケーションに対する壁や抵抗がなくなると、その他の科目や課題、ゼミ、卒業論文もよりスムーズに運び、好循環していきます。そうなれば、あなたのキャンパスライフ全体や課外活動も毎日充実、満喫していくことができ、ハッピースマイルになります。それだけでなく、就職活動をクリアーして社会人になっても、仕事で円滑なコミュニケーションがとれ、豊かで幸せな人生の階段を歩いていくことができるでしょう。
　本書を大学生活のコミュニケーションバイブルにして、手を動かしながら、声に出しながら、友人・仲間と一緒に楽しく会話をしながら進めると、効果テキメンです。
　さあ、コミュニケーションの扉を開け、一緒に楽しく社会人基礎力について学んでいきましょう。

2017年4月

唐沢　明

目　次

第1章【知る】………1
1-1 大学生活のプランをスケッチしよう………2

第2章【聴く】………9
2-1「聞く」と「聴く」の違いを言えますか………10
2-2「傾聴力」を養うための4つのレッスン………16
2-3「質問力」で印象に残る人、残らない人の差………22

第3章【書く】………25
3-1 自己紹介と自己PRで自分を伝えるレッスン………26
3-2 自分の強みを知ってノートに書いてみよう………34
3-3 手紙を書くためのアナログレッスン………48
3-4 作文と論文の違いをおさえよう………58
3-5 大学生のためのノート・作文・レポートの書き方………62
3-6「文は人なり」相手の心に響く作文術とは………68

第4章【話す】 ……… 73

- 4-1 言語／非言語コミュニケーションとは ……… 74
- 4-2 コミュニケーション上達のコツは雑談力 ……… 80
- 4-3 自分と相手を尊重するアサーションとは ……… 88
- 4-4 知っTELつもり？の電話のかけ方・受け方マナー ……… 94
- 4-5 二人一組でヒーローインタビューにトライ！ ……… 98
- 4-6 マイナスをプラスに変えるリフレーミング法 ……… 102
- 4-7 プレゼンテーション・スピーチの基本 ……… 104

第5章【読む】 ……… 111

- 5-1 自然と読書が好きになる乱読のススメ ……… 112
- 5-2 お気に入り・オススメの1冊を「POP屋」になって描いてみよう ……… 118
- 5-3 新聞記事をスクラップしてみよう ……… 124
- 5-4 新聞の必要性・重要性 ……… 130

第6章【伝える】 ……… 143

- 6-1 大学生に必要なアクティブ・ラーニングとは ……… 144
- 6-2 「3つの眼」を養い、世界に1つだけの「自分の未来日記」を伝えよう ……… 148
- 6-3 大学生のうちに「自分史上最高の自信」をつけるための3レシピ ……… 154

付 録 ……… 158
索 引 ……… 170

Book Design・Illustration 設樂みな子（薬師神デザイン研究所）

第1章
【知る】

大学生活のプランをスケッチしよう

◆オリエンテーション・オープニングセミナー

唐沢先生、はじめまして。この度、○○大学社会情報学部に入学しました、丸川あみと申します。まだ入学したばかりでわからないことだらけですが、授業のことなど、いろいろ教えてください。

こんにちは。芸術学部の善田拓哉と言います。僕は、２年生です。どうぞよろしくお願いします。

私、出原明音と申します。この春、北海道から上京した１年生です。理工学部のリケジョです。唐沢先生、どうぞよろしくお願いします。

はじめまして。スポーツ科学部の版元悠太と言います。コミュニケーションは苦手ですが、アドバイスよろしくお願いします。

みなさん、はじめまして。○○大学で、コミュニケーション論の講義をします、唐沢明と申します。**から**っと、**さわ**やか、**明**るい授業をめざし、みなさんと楽しみながら学習したいと思っています。パッション180％で全力でアドバイスしていきますので、こちらこそ、どうぞよろしくお願いします。
　１回目の今日は、オリエンテーション、イントロダクションをしましょう。まず、「高校生活と大学生活」の違い、「大学に入った目的」を黒板に書いてみましょうか。

Q1　高校と大学の違いは？

Q2　大学に入った目的は？

第1章【知る】　大学生活のプランをスケッチしよう

高校時代 →	大学時代
勉強する＝STUDY 受け身＝MUST 単位、進級、進学のため （例）大学進学のため	気づく＝LEARN 自発的＝WANT 意欲、目的、充実のため （例）就職活動のため

みなさんに何度でもお伝えしたいことは、大学生活でも人生でも共通して言えることは、「主役は自分」であるということです。また、大学生活で得ること、学ぶことは、3つのLと大学生に伝えています。

LEARN 【学内】
学ぶ、学習する（積極的、自発的、意欲的）
自分の学びたい学部、学科、科目を選択し、目的を持って勉強する。
受け身ではなく、能動的に学ぶ。気づくこと。

LABOR 【学外】
働く、社会参加、社会貢献、グループ活動について経験しながら、先輩や社会人とコミュニケーションをはかる。
アルバイト、サークル、ボランティア。

LOVE 【学内・学外】
友人、先輩・後輩、先生、社会人と出会い、人間形成をしていく。コミュニケーションを通じて豊かな人間性をつくる。尊敬する人、憧れの人、恩師（恋人、恋愛のLOVEだけでなく、人から影響や刺激を受けていく）。

また、大学には、3つのJもあります。何でしょうか？

自由 JIYU

人生の中でこんなに自由な時間、空間はありません。4年間（6年間）を活かすも活かさないもアナタ次第！

自発的 JIHATSUTEKI

高校までの与えられたレールではなく、「主役は自分」となって船長として舵をとって「後悔しない航海」をしましょう。

自己実現 JIKOJITSUGEN

「チャンスはつかむもの、夢は叶えるもの」です。また、卒業後の社会人生活や人生は、大学時代に決まる、と言っても過言ではありません。「人生で大切なことはすべて大学時代に学んだ」は、私の教訓でもあります。

さあ、みなさんには「大学の目的」についても、黒板に思い思いに書いてもらいました。順番に見ていきましょうね。

専門知識を学ぶためです。

海外留学経験と英語の資格を得るためです。

友人づくり、仲間づくりかな？ クラブやサークルにも入ろうと思っています。

……。

悠太君はどうしましたか？

言いにくいのですが、みんなみたいなしっかりした目的はなく、みんな大学に行くから、それととりあえずスポーツが好きでそれを活かした就職をしたいため、くらいの安易な気持ちですね。

大丈夫です。恥ずかしくはありませんよ。大学に入ってからいろいろ決める、という学生は圧倒的に多いです。私も漠然と、なんとなくでしたよ。それは別に間違いではありません。4年間（6年間）でいろいろ決めればよいのですから。
　あみさんも、拓哉君も、明音さんも、悠太君も「自由」ですからどれでも正解なんです。
　小説や映画でも話題になった『何者』という作品、知っていますか？　大学時代は、「自分が何者か」という作業をする充電タイムと言ってもよいでしょう。
　大学名などの外枠にとらわれる「**ブランド**」学生ではなく、いろいろな多種多様な人に会い、経験をしていく「**ブ**

レンド」学生になっていきましょう。

　大学入学の偏差値は、あくまでの高校卒業時のものさしの1つであり、過去であり、それよりも大学入学時から卒業するまでに何をどのように頑張ったかが、重要なのです。

　高校までの勉強は、「大学に入るための勉強」、大学での学びは、「社会へ出るための学び」だと考えましょう。ほとんどの学生は、卒業して社会へ出て働き、自分の人生や生活の基盤をつくっていきます。そのために必要なことをしっかりと習得していきましょう。まさに、LEARNですね。

ノート

第2章
【聴く】

2-1 「聞く」と「聴く」の違いを言えますか

◆「聞く」と「聴く」の基本的な違いとは

先生、「きく」には「聞く」と「聴く」の2つがありますが、どう使い分ければよいのか、よくわかりません。違いは何でしょうか？

そうですね、「きく」には2種類ありますね。
　まずは「聞く」。この「聞く」は意識しないでただ耳に音が入ってくるときに使います。たとえば「外から小鳥の鳴き声が聞こえてくる」。この場合、意識して小鳥の鳴き声を耳にしているのではなく、勝手に耳に入ってくる音を聞いているだけです。
　次に「聴く」。この「聴く」は積極的に意識して音に耳を傾けるときに使います。たとえば「西野カナのコンサートで素敵なラブソングを聴いてきた」。この場合、歌を意識してきいていますね。英語で考えたほうが理解しやすいかもしれませんね。「聞く＝hear」で「聴く＝listen」です。listen to musicとは言いますがhear musicとは言いませんよね。listenに耳を傾けて音をきく、という意味があるからなんですね。

そういう違いがあったんですね。英語に置き換えて考えると、とてもわかりやすいです！

◎意識しないで、ただ耳に入ってくる音を受け入れる
　例）教室の外から、友達の声が聞こえてくる

◎積極的に意識して音に耳を傾ける
　例）大好きなバンドのコンサートで、素敵な歌を聴いてきた

「きく」を使い分けるポイントは……
意識してきくかどうかの違いですね。

◆もっと詳しく深く「聞く」と「聴く」を学ぼう

「聞く」と「聴く」それぞれのポイントがわかりました！しかし、音楽を『きく』は「聞く」を使う場合もあるのではないでしょうか？

よく気づきましたね。音楽をきく場合にも「聞く」を使う場合があります。

「聴く」は、耳だけでなく、目や心で、注意を払い相手を理解しようとして『きく』ことです。「聴く」の漢字は、耳に、十（十分な、という意味）、そして、目と心で成り立っています。この字には、話す相手の様子を目でしっかりと捉え、感情を心で丁寧に『きく』という意味が込められています。
　つまり、相手の話に集中し、相手のことを考えながらその人の話を『きく』ことです。
　一方で「聞く」は、自然に音が耳に入ってくる、どこからともなくきこえてくる状態です。私たちは、起きていれば耳から何らかの音が入ってきます。テレビの音や、外を走る車、雨や風の音も意識せずとも、きこえています。きこえるものを自然に感じるのが「聞く」ということです。
　音楽も同じく、何気なくきくなら「聞く」を使うことになりますね。コンサートやライブなどで自ら意識的にきく場合には、「聴く」を使います。それぞれある程度の使い方はありますが、そのときの状況や文章に合った使い方をする、ということになります。

◆「聴く」の習慣 ～授業・会話～

「聞く」と「聴く」について学習し、理解が深まってきたと思います。

では、ここで問題です。授業中、相手の話をきく際には「聞く」と「聴く」、どちらがふさわしいと思いますか？

授業のときには、「聴く」を使うのがよいのではないでしょうか？ 授業はきちんと受けなければならないし、教えていただいている立場なので……しかし、相手の話をきく際には、そのときの状況によって使い分けるのがよいのではないでしょうか？ 何気ない会話をする場合があったりしますよね。

ほとんどの人がそう答えてしまうかもしれませんが、じつは違います。授業でも会話をするときも、「聴く」を使うことが大切です。

アクティブ・リスニングというものをご存知でしょうか？ 能動的に相手の話を「聴く」ことです。全身全霊を傾けて、相手の感情を読み取るように、理解するように「聴く」ことで、相手は安心感を持って話すことができます。聴き手は、どのようなときも、思いやりの姿勢でいることが大切なんですね。

自分は何気ない会話だと思っていても、相手にとっては重要な話の場合もあります。反対の立場になってみると、その状況がわかると思います。自分が話している立場であったら、相手に話を「聴いてほしい」と感じますね。大学生になったからには、授業中など相手の話を真剣に「聴く」習慣をつけていきましょう。

◆「聴く」習慣は相手に対する思いやり

2、3年生の様子を見ていると、大学生活に慣れてきてしまったせいか、授業の話をただなんとなく「聞いて」しまっている姿が見受けられます。しかし、自らいまの道を選び、学びに来たのですから、**耳**と**目**と**心**で一生懸命「聴く」という授業を意識していくのが大切なのではないでしょうか。先生だって真剣に「聴いて」ほしいものです。

せっかく学びに来ているのに受け身で「聞く」だけでは身にならないですよね。自発的に「聴く」授業を心がけていきたいです！
　最後に、どうすれば相手の話を真剣に「聴く」ことを習慣として身につけることができるのか、教えてください。

はい。それには、優しさと思いやりが大切ですね！　そして、その心を持つためには、自分が話す立場であったら、どのように「聴いて」ほしいのかを考えることです。自分が話しているときは、目を見て聴いてほしいな、頷いてほしいな、などと思うはずです。誰かの話を聴く際には、まず自分の中でいま述べたことを振り返ってみましょう。そうすれば、「聴く」能力が蓄えられ、充実した大学生活が送れるでしょう。

◆番外編：もうひとつの「訊く」とは

先生、「訊く」もあるようですが、これはどのようなときに使うのでしょうか？

よい質問ですね。「訊く」はいままで学習してきた「聞く」「聴く」とは読み方は一緒ですが、少し違ったニュアンスを持っています。「聞く」と「聴く」には「耳」が入っている漢字ですね。対して、「訊く」は「耳」という漢字が入っていません。意識して『きく』『きかない』に関係なく、「質問をするとき」の『きく』という意味です。道を尋ねる場合などに使いますね。

大学生活における『きく』

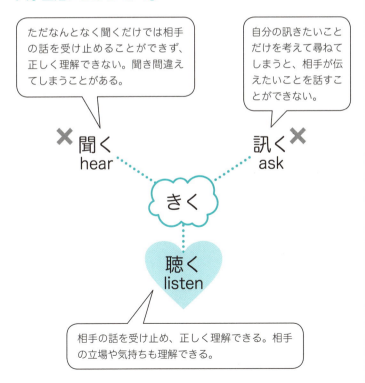

2-2 「傾聴力」を養うための4つのレッスン

◆ 社会人デビューにも必要な「傾聴」とは

「傾聴」とは、どのような意味でしょうか？

「傾聴」とは、「耳を傾けて聴く」と書きますね。人の話をただ聞くのではなく、注意を払って、より深く、丁寧に耳を傾けることです。

　自分の訊きたいことを訊くのではなく、相手が話したいこと、伝えたいことを、真剣に「聴く」ことを指します。この「傾聴」という姿勢によって、相手への理解を深めることができます。また、相手もこちらに対して理解を深めようとしてくれるようになります。

そのため、傾聴力が大切になってくるのですね。

はい。傾聴力のある人はよい人間関係を築きやすくなります。社会人になる前のみなさんにはとても大切なコミュニケーションスキルになります。

よい人間関係5ポイント

　　お互いに好意を持っていること
　　お互いに存在を認め合っていること
　　お互いが誠実に接していること
　　コミュニケーションがうまく図られていること
　　信頼関係が築けていること

このような人間関係のことです。

この５つのポイントの共通点は、お互いに相手の話を真剣によく聴くということです。よく聴くということは、相手の存在を認めているということの表れで、やがてブーメランのように自分にも返ってきます。

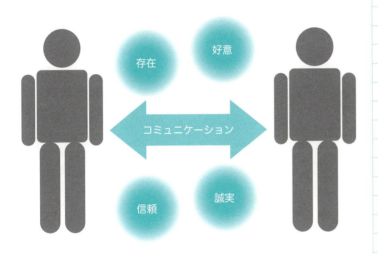

５つのポイントがすべて満たされるような人間関係を築いていきたいものですね！

◆傾聴力を高めるための４つのレッスン
　〜返事、相づち、頷き、オープンマインド〜

「傾聴力」での大切なキーワードは、「返事、相づち、頷き、オープンマインド」の４点です。
　まず、１つめの「返事」について説明しましょう。

はい！

そのくらいの大きくはっきりとした声がよいですね！　相手が聴きとりやすい声の大きさで、はっきりとした口調で返事をすることは大切です。しかし、相手の話の内容によっては、声のトーンを落ち着かせて、小さくすることが必要なときもありますね。話の内容にあった返事の仕方がとてもスマートです。

> ① 返事のポイント
> ・相手の話の内容によって声のトーンやボリュームを変えて、相手と同じ空気をつくる

次に２つめの「相づち」について話します。
　相づちは相手の話を理解し、自分が受け止めていることを伝えることができます。話し手は、話している最中、相手が何を感じているのかが気になります。それに対して相づちを打つことで、話し手は心地よく話すことができますね。

つまり、共感することが大切なのですね。

そうです。しかし、相づちばかりしていると相手に不審に思われてしまうこともあるので、気をつけましょう。

> ② 相づちのポイント
> ・相手の思いをくみ取り、共感を持つ
> ・何度も相づちを打つのはかえって不自然

3つめは「頷き」についてです。頷きは相づちと似て、相手の話を受け止める動作ですね。頷きは話し手から見たら、しっかりと聴いている合図になります。また、表情も加えることで、さらに話に弾みをつけることができます。話し手も気軽に話を進めることができます。

確かに、ちょっとしたことや相談ごとも話しやすくなりますね。注意することは何かありますか？

そうですね。やはり、相づちと同じく、何度もくり返し頷いてばかりいると本当に話を聴いているのか疑われてしまい、次第に話に弾みがなくなってしまいます。適宜行うのが話を進める糧になるでしょう。

> ③ 頷きのポイント
> ・表情をつけるとより効果的になる
> ・何度も頷くのはかえって不自然

最後に「オープンマインド」について話しましょう。オープンマインドとは、「開放的であること」「多様性を受け入れる」などを意味するものですが、そこには他者が侵入してくることを拒まないという意味での「内向きのオープンマインド性」と、「自ら相手の懐に入っていく」「外の世界に出ていく」という意味での「外向きのオープンマインド性」があるように思われます。

オープンマインドな人の特徴は、自分の考えに固執せず、他人の思想にも心を開いていることです。
　たとえば会ったばかりの人にも、自分の偽らない姿を見せることができたり、自分と違う意見にも耳を傾けて、必要があればその意見を取り入れる寛容さがあります。と言うと「自分をさらけ出す」ことと勘違いしやすいのですが、大切なのはむしろ後者のほうです。

どうすれば、オープンマインドになれるのでしょうか？

オープンマインドな人は、自分の心のドアをいつも開けている人です。自分の心のドアを開けておくことで、自分と他人の行き来がスムーズにできます。そのため、自分が出て行くこともできるし、相手を迎え入れることもできます。大切なのは、偏見を持たずに、どんな人の話にも関心を持つことですね。

> ④ オープンマインドのポイント
> ・偏見を持たないこと
> ・さまざまな考え・話に関心を持つこと

◆聴き手は話し手の引き立て役

いままでの「返事、相づち、頷き、オープンマインド」のポイントはおさえられましたか。

　話し手が安心した気持ちで話すことができるかどうかは、聴き手にかかっています。話し手を引き立たせるのは、聴き手の役目になります。

　とくに、インタビューをする機会があったら、実感することができるでしょう。インタビュアーは話し手が話したくなるような環境づくりをしないと、会話が途切れ、インタビューはすぐに終わってしまいます。

　インタビューでなくても、これから目上の方のお話を聴く機会も増えることでしょう。自分のために時間を割いてお話をしてくださることも多くなります。

　そのようなときに失礼な態度をとってしまわないように、普段の大学生活から少し意識をして、友人の話を聴きましょう！

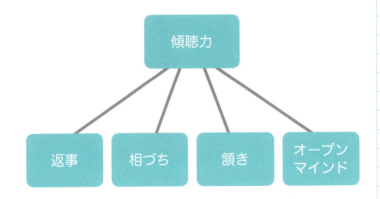

2-3 「質問力」で印象に残る人、残らない人の差

◆「質問力」のポイントは『何を』『なぜ』聴きたいのか

普段の会話の中の大切なテクニックの1つに「質問力」が挙げられます。そのポイントをご紹介します。
「最近どう？」
このような質問は、いちばん答えにくい質問です。なぜなら、尋ねていることが漠然としすぎているからです。
　では、相手から中身のある言葉を引き出すような「質問力」を身につけるには、何が必要なのでしょう。

具体的な質問内容にする必要がありますよね。

そうですね。『何を』『なぜ』聴きたいのかをつけ加えることが大切です。
　たとえば大学で、先生に次のような質問をしたとします。「このような研究レポートをつくりました。どう思いますか」こんなふうに漠然と訊かれたら、先生も「はい、よいのではないでしょうか」と漠然と答えるしかありませんね。そこから、実りのある会話を成り立たせるのも難しいでしょう。
　こういった場合は「この研究レポートは日本人の平均寿命の男女差をテーマとしているのですが、社会情報学部の研究分野に合っていると思われますか。また、改善すべきところがあれば、ご意見を聴かせてください」と『何を』聴きたいのかを述べて、質問すれば、先生も『何を』答えればよいのかがわかり、答えやすくなります。

「いま、大学生に流行っているものって何でしょうか」と質問するとどうでしょう。趣味なのか、音楽なのか、ファッションなのか、グルメなのか、キャラクターなのか、アイドルなのか、いろいろありすぎて困ってしまいます。結局は「一人カラオケ？」などと漠然としか答えられないでしょう。それどころか、「なぜ、この人は急にそんな質問をするのだろう」と不思議に思われてしまいます。

　これは、自分の中にある疑問を、そのまま相手に投げかけているからです。そうではなくて、「大学生を対象とした出版企画のアイデアを考えているのですが、大学生はいまとくにどんなことに興味を持ち、アンテナを張っているのか、何かご存知のことはありますか」と質問すると、「なるほど。大学生向けの出版企画のことを考えているんだ。それでは若手新人小説家の……」と答えやすくなるのです。これは、『なぜ』その質問をするのかをつけ加えて相手に質問しているからなのです。

　このように、『何を』聴きたいのか、『なぜ』聴きたいのかをはっきりと相手に伝えることで、相手はその質問に答えやすくなります。

Before

「このような研究レポートをつくりました。どう思いますか」

After

「この研究レポートは日本人の平均寿命の男女差をテーマとしているのですが、社会情報学部の研究分野に合っていると思われますか。また、改善すべきところがあれば、ご意見を聴かせてください」

◆クローズドクエスチョンとオープンクエスチョン

「クローズドクエスチョン」と「オープンクエスチョン」を使い分けることも大切です。

「クローズドクエスチョン」とは、相手の答え方が制限されている質問のことで、単純な回答しか期待できませんが、答えやすいという長所があります。「オープンクエスチョン」とは、相手に自由に答えてもらう質問のことで、相手の負担が大きくなりますが、興味深い答えが期待できるという長所があります。

そのときの状況や会話の流れによって、相手が自分の気持ちを素直に話すことができる内容かどうかを考え、うまく使い分けましょう。どちらかに偏りすぎず、相手が答えやすい環境づくりを意識していきましょう。

また、相づちを打つことで積極的に会話をすることができ、より円滑なコミュニケーションを取ることができます。

効果的な相づちとその例	
①受け止め	「なるほど」「そうですね」
②驚き	「それは驚きました」 「そんなことがあったのですね」
③同意	「私もそう思います」
④促し	「それからどうなりました？」 「他にはどんなことがあったのですか？」
⑤切り返し	「どういうことですか？」

第3章
【書く】

自己紹介と自己PRで自分を伝えるレッスン

◆ 自己紹介文を書いてみる

大学の授業で自己紹介文を書いて1分間で発表することになりました。どんなことに工夫すればよいでしょうか？

高校を卒業し、いよいよ大学生デビュー、キャンパスライフのスタートですね。簡単なようで意外に難しい自己紹介。まずは、下の例を見てみましょう。

> 名前は、松本翔と言います。出身は広島です。趣味は旅行です。えーと、あと音楽なんかも好きです。ロックや洋楽よりも、J-POPにはまっています。広島出身なんで、やっぱ広島カープが好きですね。自分も野球観戦めっちゃ行きたいんで、ぜひみなさん興味があれば、一緒に行きましょう。よろしくです。この講議も楽しみです。

先生、この自己紹介で直すべきところはどこでしょうか？

はい。まだまだ高校生モードの言葉ですね。**インパクト**はとてもありますが、話の中で、いろいろな単語が飛んでいますので、**一貫性**を持たせ、聴き手に**共感**を与える自己紹介に直してみましょう。言いたいことだけを並べるのが、自己紹介ではありません。まず、メモや頭の中で整理することが大切です。また、大人に必要な**敬語**も少し意識してみましょう。**具体的**に書くこともポイントです。また**誤字**も1つありますね。さて、どこでしょうか？　いろいろミスもあり、自己紹介ではなく、事故紹介になっていますね。

この松本翔君の自己紹介、あなたならどのように直しますか？赤ペン先生になったつもりでチェックして、下に書いてみましょう。

松本翔君の自己紹介・文章チェック修正

ポイント 自己紹介を書くときの重要なポイント！

インパクト	共感	具体性
一貫性	敬語	誤字注意
I & I	K & K	G & G

 2つのIと、2つのK、そして2つのGが大切ですね。

 なるほど。わかりやすい覚え方ですね。

先生、自己紹介のポイントはとてもわかりやすかったです。お手本がありましたら、教えてください。

 I＝インパクト＆一貫性、K＝共感＆敬語、そして、G＝具体性＆誤字注意でしたね。例を挙げてみましょう。

サンプル

> 名前は、松本翔と申します。出身は広島県で、広島カープファンですが、みなさん野球はどこのチームが好きですか？　私は昨年13回スタジアムに応援に行きました。また、音楽が好きで、J-POPを毎日聴いています。「いきものがかり」のファンクラブに4年前に入って、カラオケでもよく歌います。旅行好きで、青春18きっぷで毎年夏休みに京都観光します。こんなアクティブBOYですが、みなさんこの講義を一緒に楽しみながら勉強しましょう。

 なるほど。先生、なんだか前より、スッキリしていてクリアーな印象があります。また、親しみやすい内容で、松本翔君にいろいろ話しかけてみたくなりました。

 そうですね。敬語で「〜と申します」、共感の「どこのチームが好きですか？」と質問話法も親しみを感じますね。「13回」「いきものがかり」「4年前」「京都」というインパクト、具体性もあります。「講議」は誤字ですので、正しくは「講義」です。代名詞「アクティブBOY」と他の事例やエピソードに一貫性がありますね。では、右ページに、あなたの1分間自己紹介文の内容を書いてみましょう。

 まず、キーワードを箇条書きで書いてみましょう。

好きなもの、マイブーム、夢中になっていること……

自己紹介で伝えたいキーワード
-
-
-
-
-
-

あなたの自己紹介

 さきほどアドバイスした、インパクト＆一貫性、共感＆敬語、具体性＆誤字注意を意識して書いてみましょう。

◆インパクト＋コンパクトな
　自己PR文を書いてみよう

先生。サークルの先輩から、「自己紹介」と「自己PR」は違うと教えられたのですが、よくわかりません。教えてください。

1、2年生のキャリア教育の授業や3、4年生の就職活動で「自己PR」という言葉が出てきます。では、自己紹介と自己PRの違いですが、このようになります。

> ★自己紹介　〈浅い〉…自己完結・時系列の内容＝自己満足
> 　　　　自分に関する抽象的な紹介
> 　　　　出身、名前の由来、血液型、好きなものなど
> 　　　　幼少時、家庭環境、小学校、中学校時代〈過去〉
>
> ★自己PR　〈深い〉…質問したくなる内容＝他者満足
> 　　　　自分に関する具体的な紹介
> 　　　　時間とお金をかけてきたこと
> 　　　　夢中になってきたこと、熱中していること
> 　　　　高校時代、大学時代〈現在〉

自己PRは、その人の個性、人間性、アイデンティティ、オリジナリティ、持ち味とも言えます。

　過去→現在→未来と続いていく中で、まず、自分という人間を知るということは、「書くこと」から始まります。
自己紹介から自己PRへシフトするために、右ページの自分史「出来事ロジーMAP」を書いてみましょう。

　1年ごとに、自分の印象に残った出来事、ベストニュースを書いてみましょう。〈喜怒哀楽〉いろいろあると思います。修学旅行、受験、部活動、恋愛、入院、引越し、クリスマスの思い出、兄弟げんか、文化祭……などなど1、2行で書いてみましょう。

サンプル

〈書くトレーニング・自分史ワーク〉

		Rank
大4	就職活動を経て、様々な人との出逢いがあった	
大3	自分を見つめ直し、本当にしたいことを見つけることができた	1
大2	アメリカに留学し、環境の変化も楽しむことができた	2
大1	アルバイトを始め、接客業の楽しさを知ることができた	
高3	ハードな毎日を乗り越え、大学受験合格した	
高2	テニス部の大会で優勝した	4
高1	作文を先生に褒めて頂き、文章を書くことに自信を持つことができた	
中3	高校受験で、苦手な教科の点数が良かった	
中2	学級委員を務め、まとまりのなかったクラスを一致団結させた	3
中1	弁論大会に出て、人前で話すことに対して苦手意識がなくなった	
小6	テニスを始めて、身体を動かすことが好きになった	
小5	ソーラン節の発表でセンターを飾った	5
小4	ある本と運命的な出逢いをし、本を読むことが好きになった	
小3	書き初めの作品をコンクールに出して頂いた	
小2	夏休みの自由研究の作品を先生に褒めて頂いた	
小1	積極的に友達に話しかけることができた	

〈書くトレーニング・自分史ワーク〉

過去の自分を見つめる＆未来を見つける
＝「出来事ロジーMAP」を書いて、自分探しの旅に出よう。

		Rank
大4	（例）就職活動で、○○業界から内定を獲得する（未来日記）	
大3		
大2		
大1		
高3		
高2		
高1		
中3		
中2		
中1		
小6		
小5		
小4		
小3		
小2		
小1		

→左側の「小1〜大4」の余白欄に西暦も書いてみましょう。（4年生大学向け）
→右側のRankに、小・中・高・大学で最も印象に残った出来事に①位、②位、③位、④位、⑤位と順位づけしましょう。
→大学1年生の人は、2〜4年の欄に未来日記、目標も書いてみましょう。
★1年単位で、マイベストニュースを振り返ってみましょう！〈喜怒哀楽〉
★過去→現在→未来の自分をスケッチしましょう。

ノート

3-2 自分の強みを知ってノートに書いてみよう

◆書けないアレルギーにサヨナラ！ 唐沢式「自分学」マトリックスとは

先生、大学に入って、書くことが増えました。なかなか自分のことをうまく書けなくて……。

私もそうでしたよ。魔法の「自分学」をアドバイスしますね。学部学科問わず、いちばん大切なことは、人とのコミュニケーションですね。そしてコミュニケーションを取るうえで大事なのは相手を理解すること。しかし、相手を理解する前にまず自分自身を理解することが重要です。自分自身を理解するためにも、さっそく「自分学」を学んでみましょう。

相手だけでなく自分を理解することが重要なんですね。ところで、自分学って何ですか？

自己紹介は難しいですが、自分の好きなもの、好きな人、好きなことならどんどん書けますね。では、あみさんの好きなものベスト5は？

英会話、パフェ、FMラジオ、アイドル……！

即答！　秒殺ですね。おかわり！　何杯でもいけますね。正解は自分だから。「自分学」＝「自分楽」と考え、好きなもの、マイブームを書いていきましょう。

NGワードは何かありますか？

自由ですが、たとえば睡眠と宗教って言われても……困りますね。

高校時代3年間を振り返り、好きなことベスト5をキーワードだけ書いてみましょう。

①
②
③
④
⑤

★自分の心を見るには　　→　自分の強みを知る
　　　　　　　　　　　　　自分の好きなことを書く

★「好き」は無敵・素敵・快適！　→　ワクワクするものを
　　　　　　　　　　　　　　　　　ありのままに……

時間とお金を使ったこと
＝好きなこと

楽しいことなら
たくさん書けそう……

英会話、パフェ、
FMラジオ、
アイドル……

自分探しの第一歩は、自分をGoogle化して前ページのように、とにかく書いていくことです。
　難しく考えず、楽しみながら、「自分学」マトリックスを書いてみましょう。自分が時間やお金をかけたこと、好きなことをキーワードとして書き出してみましょう。きっと新発見、再発見になると思います。

 具体的な「自分学」マトリックスの書き方を教えてください。

 まず、Aの表を完成させましょう。※1に自分の名前を書きます。そして残りの8つの余白に、自分がこれまでに時間とお金をかけてきたこと、好きなことを書いていきます。
　Aの表が終わったら次はBの表に移ります。Aの表の中から1つキーワードを選びます。それが※2となります。Bの表は※2のキーワードを中心とし、残りの部分に具体的に関連するものを書いていきます。連想ゲーム、これもGoogle化ですね。
　たとえば※2のキーワードを歌謡曲とするなら、好きなアーティスト名や曲名など関連するキーワードを書いていきます。

 わかりました。でも8つも書けるかな？

サンプル 「自分学」マトリックス

A 過去・現在（いままでやってきたこと）

文章を書く	アメリカ留学	洋服
カフェアルバイト	※1 善田拓哉	ダンス
弁論大会	テニス	読書

↓

キーワード

※2 アメリカ 留学

B 未来・夢（これからやってみたいこと）

様々な国々の方とコミュニケーションをする	異文化について深く勉強をする	英語の本、雑誌をたくさん読む
日本と海外の架け橋をする	※1 アメリカ留学	ブロードウェイを観に行く
英語でスピーチをする	日本の文化を見つめ直す	海外のファッションを真似してみる

 「自分学」マトリックス

A　過去・現在（いままでやってきたこと）

	※1	

キーワード
※2

B　未来・夢（これからやってみたいこと）

	※1	

先生、「自分学」マトリックスができました。魔法みたいにスラスラ、スイスイ……。

自己紹介は難しいけれど、自分の好きなものリストなら、どんどん書けますね。生きている証拠です！　生きていれば、アクション、行動していますからね。
　いま拓哉君が書いたキーワードは、自分を紹介する強み・武器になります。これらを自分の代名詞にすることで、自分がオンリーワンで唯一無二の存在であることを知るきっかけとなりますね。そして、それが自分の真の声を聴くことにつながります。これは大学時代に必要な「自己肯定感」にもつながります。自分を好きになるきっかけにもなるでしょう。

自分の好きなことについて書くのは、なんだかワクワクします。書いているうちに自分史について少し考えることもできました。自分の好きなことがかかわると、友だちをつくるときに楽しく話せそうです。キーワードを強みとすることで、よりよいコミュニケーションが取れるんですね。

8つ全部書けなくても大丈夫です。これからのキャンパスライフで友人、勉強、先生からの影響も受けながら、埋めていけばいいんです。ちなみに、私の時間とお金をかけてきた大学時代の2大キーワードは、「日記」と「お笑い」がありました。
　その延長線上に、日記→出版社勤務→作家活動となり、お笑い→表現者→大学講師、TV出演……とリンクしていきますね。仕事ドミノ、夢ドミノにもつながるので、さらにワクワクワークになっていきます。

時間とお金を使ったこと＝好きなこと
　　　　　　　　　　＝最強の武器・個性
　　　　　　　　　　＝仕事の成功や夢実現にも
　　　　　　　　　　　つながっていく

好きなことは強みになる!!

自分は唯一無二の存在と知るきっかけ

その他大勢の「幕の内弁当」ではなく、自分しかつくれない「オリジナル弁当」を！

◆唐沢式「夢ノート」「未来スケッチ日記」とは

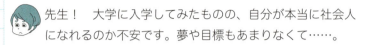先生！　大学に入学してみたものの、自分が本当に社会人になれるのか不安です。夢や目標もあまりなくて……。

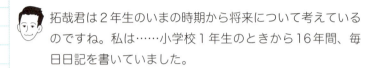拓哉君は２年生のいまの時期から将来について考えているのですね。私は……小学校１年生のときから16年間、毎日日記を書いていました。

日記ですか？　日記というとその日の出来事をノートに書くだけで将来と関係ないことのように思いますが……。

日記は日記でも「夢ノート」です。夢ノートとは、ノートに自分が将来こうなりたいというイメージや妄想をありのままにどんどん書いていき、次第に夢に近づいていくというものです。

「妄想ノート」ですか？　でも、ノートに夢を書くだけで叶うとは思えません……。

初めは疑問に思うかもしれませんね。ですが夢の実現には、粘り強く努力をし続ける「心の力」「夢体力（ゆめたいりょく）」が必要になります。この夢体力を高めるために、複雑で難解な理論を実践する必要はありませんよ。

では、具体的に何をすればよいのでしょうか？

まず、簡単なことからノートにポジティブな言葉や元気になるフレーズを書き続けましょう。そうすることで、ドーパミンが分泌され脳細胞を活性化し、心の潜在能力を呼び起こします。気がついたら、夢体力が高まって「夢実現体

質」へと変貌していますよ。

ほんとですか！　僕もやってみます。松岡修造さんのような熱いパッションが湧いてきました。これがきっかけで僕も自分に自信を持てるようになりたいです。

「思い立ったが吉日」「理論より実践」でさっそく今日から書いてみましょう。

あなたも下の空欄に夢ノートを書いてみましょう。

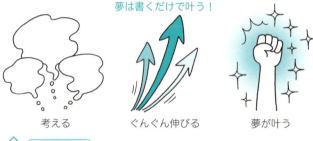

夢は書くだけで叶う！

考える　　ぐんぐん伸びる　　夢が叶う

いちばん大事なのは、難しく考えずに思いつくまま夢を書くことです。些細なことでも楽しんで書いてみましょう。

みなさんも、ぜひトライしてみましょう。

第3章【書く】　自分の強みを知ってノートに書いてみよう

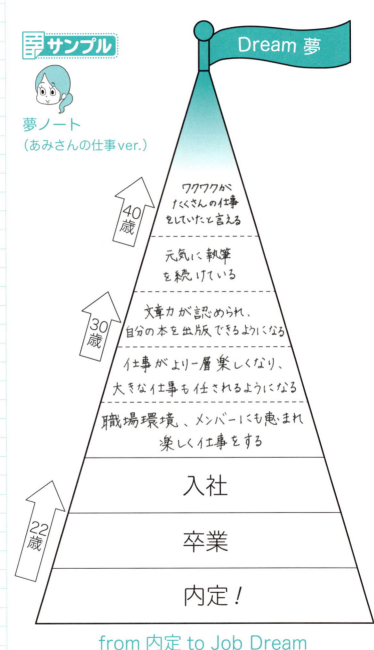

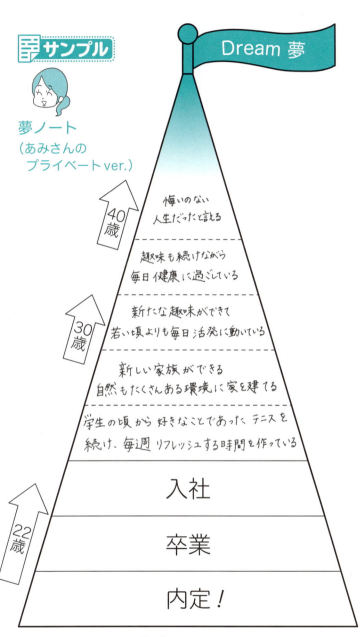

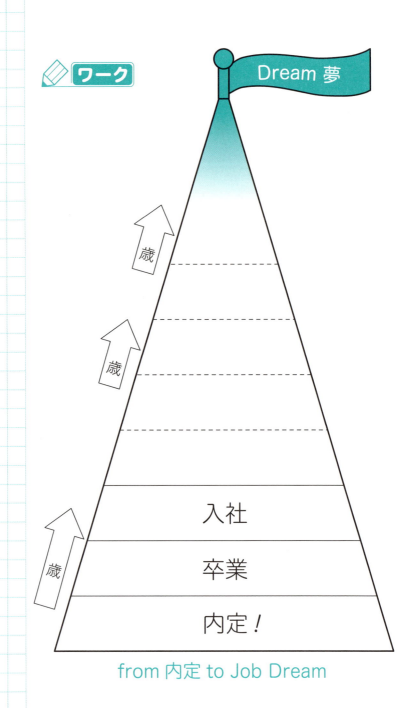

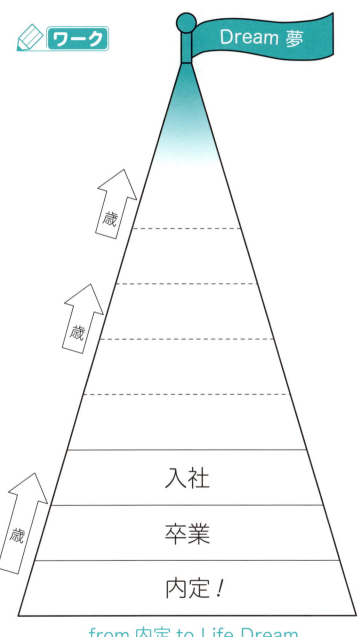

手紙を書くための アナログレッスン

◆デジタル社会だからこそ、アナログの手紙を書いてみよう

先日、高校のときの恩師から手紙をいただいたのですが、返事の書き方がわかりません。どのようなことに気をつけたらよいのでしょうか？

目上の人に手紙を書く場合、注意すべき点はたくさんあります。では、大学生らしい手紙を書くにあたってのマナーを考えていきましょう。社会人になっても手紙は必要なツールです。アナログコミュニケーションの基礎をマスターしましょう。

◆手紙の書き方〜便箋編〜

まず、手紙を書くうえで大事なことは構成です。人と話をする場合、いきなり用件だけ伝える人はいませんよね？あいさつから始まり、近況報告等をしてから本題に入る……これは手紙も同じです。便箋ははがきと違い枚数を増やしたり写真を封入したりして、思いや真心を届けることができます。

わかりました！　それでは私も便箋で書こうと思います。でも最近の便箋は色や柄もさまざまで、どれを使ったらよいのか悩んでしまいます……。

確かにそうですね。ではここで、便箋選びのポイントをまとめてみましょう。ポイントを守り、サンプルの文章構成

の図を見ながら学んでいきましょう。

ポイント

★便箋のかわりに、原稿用紙・レポート用紙は失礼になる
★目上の人への手紙に用いる便箋は、基本は白色（派手な絵柄やキャラクターの描かれた便箋は用いない）
★黒インクで書くのが望ましい。修正ペンは不可

サンプル

拝啓　春風がこちよいこの頃でございます。唐沢様におかれましては、お元気でお過ごしのこととお喜び申し上げます。私も〇〇大学での学生生活に慣れてまいりました。
さて、このたびは激励のお手紙をお送り頂きましてありがとうございました。
　　　—中略—
厚く御礼申し上げます。
　　　　　敬具
平成〇〇年四月吉日
　　　　　丸川　あみ
唐沢明美様

追伸　遅くなりましたが、卒業式での写真を同封致します。

- 頭語の後、時候のあいさつを続ける場合は1字分空ける。
- 相手の名前が行末にこないようにする。同様に自分や自分に関する言葉が行頭にこないように配慮する。
- 起辞の言葉は改行し、1字下げる。
- 行頭に助詞がこないようにする。熟語は2字に分かれないようにする。
- 末文は改行し、結語は最後の文の行末か次行の行末に書く。
- 日付は末文の次行に本文より2、3字下げて書く。
- 副文は、後付から1行空けて、本文より2、3行下げて書く。
- 後付や副文だけが便箋の2枚めの最初にこないようにする。

手紙の文では「忌み言葉」に注意しよう！

先生のおかげで手紙が無事に書き終わりました。では、封筒に入れて手紙を出してきます。

よかったです。あみさん、ちなみに封筒の表書きの書き方は大丈夫ですか？

住所に名前に……このように書いたのですが、確認していただけますか？

わかりました。どれどれ……少し改善が必要ですね。またポイントをまとめるので表書きの書き方も学んでいきましょう。

◆手紙の書き方〜封筒編〜

封筒には2つの種類があります。和封筒は縦長の封筒、洋封筒は横長の封筒になります。今回は和封筒の書き方について学びましょう。

ポイント

★封じ目は「〆」の他に「封」などがあり、お祝いのときは「賀」「寿」がよい
★宛名の住所は、郵便番号が正確なら、都道府県を省いてもよい
★宛名は中央に、住所より少し大きめの字で書く
★差出人の住所は、封筒の継ぎめを挟むか、継ぎめの左側に書く

ここでのポイントはこのようになりますね。宛名は、姓だけでは失礼になります。敬称は、手紙の後付と一致させるように注意しましょう。また、宛名の住所は2行にわたる

場合、ひとまとまりの地名や番地が分かれないように改行し、2行めは1行めより少し下げるとよいですね。サンプルを参考にしながら書いてみましょう。

先生、アドバイスありがとうございました。これで自信を持って手紙を出せそうです。

サンプル

日付は、バランスを考えて左上か右上！

◆メールの基礎を習得し、社会人基礎力を身につけよう

先生、学校の先生に宛てたメールの書き方を教えてください。友人とのメールやLINEとルールは違いますか？

わかりました。大学生になると、目上の人や社会人にメールを送る機会も増えていくので、書き方をマスターしましょうね！

大切なのは、相手に伝えたい内容の要点をきちんとおさえて書いているか、ということです。以下の流れに沿ってマスターしましょう。

① 件名
② 宛名
③ あいさつ文（書き出し）
④ 自分の名前
⑤ 本文の内容
⑥ 結び（まとめ）
⑦ 署名

以上の7点をおさえてメールを書けば、大学生としてふさわしい文脈となります。加えて敬語表現にも気をつけなければなりませんので、言葉づかいも勉強していきましょう（敬語については巻末付録を参照）。

　これは就職活動のときや、社会人になってからも仕事や人間関係で活きてくることなので、いまから実践して身につけていきましょう。

サンプル

件名：〜について（社会情報学部・丸川あみ）…①件名	
宛名：karasawa@abc.jp	
差出人：marukawa@abc.jp	

唐沢明先生…②宛名

いつもお世話になっております。…③あいさつ文（書き出し）
社会情報学部△△学科１年（学籍番号）の丸川あみと
申します。…④自分の名前

〜についてメールをさせていただきました。
〜〜〜〜〜〜〜〜…⑤本文

今後とも、ご指導ご鞭撻のほど、よろしくお願い申し上げます。…⑥結び

○○大学社会情報学部△△学科１年（学籍番号）
丸川あみ
Ｅメールアドレス：marukawa@abc.jp
携帯電話番号：090-123-4567…⑦署名

① 件名だけを見てメールの内容がわかるように、簡潔に記す。
② 相手の所属と名前をきちんと記す。
③ 「いつもお世話になっております。」が書き出しの基本。
④ 自分の所属団体、名前をきちんと記す。
⑤ 簡潔にまとめる。要点を箇条書きで記すのもよい。顔文字、絵文字や感嘆符は使わない。
⑥ 「今後とも、ご指導ご鞭撻のほど、よろしくお願い申し上げます。」でまとめる。
⑦ 所属団体や名前だけでなく、Ｅメールアドレスや電話番号も書く。（住所は時と場合による。）

BAD 〈遅れてレポート提出をするときに、先生へ謝罪をするメール〉

件名：丸川です。
宛名：karasawa@abc.jp
差出人：marukawa@abc.jp
唐沢明先生 こんにちは。丸川です。 レポートの提出が遅れてしまいました。申し訳ありませんが、よろしくお願い申し上げます。 丸川

GOOD 〈遅れてレポート提出をするときに、先生へ謝罪をするメール〉

件名：○○のレポート提出の件について（社会情報学部・丸川あみ）
宛名：karasawa@abc.jp
差出人：marukawa@abc.jp
唐沢明先生 いつもお世話になっております。 社会情報学部△△学科1年の丸川あみと申します。 ○○のレポートの件ですが、提出期限を過ぎてしまい、大変申し訳ありません。 誠に身勝手で恐縮ではありますが、レポートを受け取っていただくことはできますでしょうか。 私の不注意で締め切りに遅れてしまい、先生に多大なご迷惑をお掛けし、心から申し訳なく思っております。 今後は、先生にご迷惑を掛けないよう、自覚を持ち、行動して参ります。 今後とも、ご指導ご鞭撻のほど、よろしくお願い申し上げます。 ○○大学社会情報学部△△学科1年（学籍番号） 丸川あみ Eメールアドレス：marukawa@abc.jp 携帯電話番号：090-123-4567

BAD 〈就職活動で内定が決まったときに、先生へ報告をするメール〉

件名：就活内定 GET のこと
宛名：karasawa@abc.jp
差出人：yamada@abc.jp
唐沢明先生 こんにちは。 唐沢先生のおかげで内定が決まりました。 お世話になり、誠にありがとうございました。 今後ともよろしくお願い申し上げます。 山田

GOOD 〈就職活動で内定が決まったときに、先生へ報告をするメール〉

件名：内定のご報告とお礼（△△学部・山田花子）
宛名：karasawa@abc.jp
差出人：yamada@abc.jp
唐沢明先生 いつもお世話になっております。 △△学部××学科4年の山田花子と申します。 先日は貴重なお時間を割いていただき、私の就職活動についてご指導ご鞭撻をいただき、誠にありがとうございました。 おかげさまで株式会社○○より内定の旨の通知を本日いただくことができました。 未熟な私ではございますが、今後も努力を惜しまず、精進して参りますので、今後ともお力添えをいただけますようお願い申し上げます。 重ねて唐沢先生に、心よりお礼申し上げます。 この度はありがとうございました。 ○○大学△△学部××学科4年（学籍番号） 山田花子 Eメールアドレス：yamada@abc.jp 携帯電話番号：090-123-4567

第3章【書く】 手紙を書くためのアナログレッスン

◆メールのメリット・デメリット

先生、メールは大学生になると、先生や先輩などに送る機会も増えると思うのですが、メールのメリットとデメリットは何でしょうか？

よい質問ですね。メールのメリットの1つめは、「時間を問わず送受信できる」ことです。たとえ早朝や深夜でも、相手の都合を気にせずに送ることができます。受信も同様です。2つめは、「情報を共有できる」ことです。一度に複数の人へ送ることができるため、情報の共有ができます。3つめは、「データを送ることができる」ことです。文書や写真データ、表組みなどを一緒に送ることができます。

　一方でデメリットですが、1つめは、「相手が必ず読むとは限らない」ことです。相手が電子メールを読む環境にない場合、すぐに確認してもらえません。2つめは、「相手が受信できないデータもある」ことです。添付ファイルの容量が大きかったり、大量のデータを圧縮して送ったりする場合、相手のパソコン環境では開けないことがあります。

　メールは便利な連絡手段ではありますが、メリットとデメリットがあることを理解したうえで、使いましょう。また、社会に出てからは、宛名の書き方にもさまざまな方法があるので、次のページでご紹介しますね。

メリット・プラス面
・時間を問わず送受信できる
・情報を共有できる
・データを送ることができる

デメリット・マイナス面
・相手が必ず読むとは限らない
・相手が受信できないデータもある

宛名		
唐沢君 唐沢さん	→	あまりビジネスシーンでは使わない
唐沢さま 唐沢明様	→	何度もメールのやりとりをしている場合
○○株式会社 唐沢明様	→	つき合いが深いときはこのかたちでもよい
○○株式会社 人事部 唐沢明様	→	一般的でノーマルなかたち
○○株式会社 人事部 部長　唐沢明様	→	最も丁寧でフォーマルなかたち

作文と論文の違いをおさえよう

◆作文と論文の比較をしよう

 先生、大学受験に小論文があったのですが、大学の1年生の日本語の授業では、作文の課題がありました。作文と論文の書き方の違いを教えてください。

 よくある質問ですので、ここで整理しておきましょう。

作文と論文、まず共通しているのはテーマが与えられていて、それに基づいて文章を書くということです。

そのテーマについて、作文が主観的であるのに対して、論文は客観的であることが大きな違いになります。

それぞれを書くにあたって、出題者に問われているいちばんの大きなポイントは、作文は自己PR、セルフアピール、論文が分析力であることです。

次に、いざ書くときの違いとしては、個人的な考えを自由に述べてもよい作文は、自分が主役になります。「私は……」から書き始めて、内容は極端な話、必ずしも与えられたテーマのことだけに限りません。

最終的に与えられているテーマに、「オチ」が来るような、まったく別のエピソードを書いても構わないのです。テーマについて体験したことやそのときの感想、自分がそれを好きか嫌いかの気持ちが表現されていれば、いくら内容に突拍子がなくても問題はありません。

テーマについて答えはないのですから、自分を前面に出して書いていけばよいのです。

🧑‍🦱 「作文は主観」というさきほどの説明ですね。

👨 はい、そのとおりです。「自分が正解」と言っても過言ではないので、具体的な自分、等身大の自分を書いてみましょう。作文は営業センス、クリエイティブなセンスも必要になってきますね。

🧑‍🦱 なるほど。論文は作文とは異なり、客観目線でしたね。

👨 はい。では論文のポイントをアドバイスしましょう。

論文のポイントはテーマをもとに、文字どおり論理的に記述することです。

　唐沢式のらくらく暗記法は……

作文（**さ**くぶん）＝**ザ・ジブン**作文
論文（**ろ**んぶん）＝**ロ**ジック論文

と覚えましょう。
　ロジックなのに加えて、説得力や常識力センスも問われます。起承転結（63ページ参照）の基本もおさえながら、段落や流れも意識しながら、書いていきましょう。
　作文と違い、自分ではなく一般論、客観論を述べ、自分の意見や主張やメソッドなどを書く必要はありません。分析力も問われ、大学や大学院の入学試験などで出題されることが多くなっています。
　テーマや物事を理解し、それを分析しながら構成立てて論じるまでに至る構成力も問われます。〈読む〉の章でもアドバイスしますが、論文力アップのコツは、新聞の社説も読みながら、構成力、起承転結の組み立て方をマスターすることです。

作文	論文
主観的に書く	客観的に書く
自分を出してPRする	一般論でも説得力を出す
主役は「自分」「私」	ロジック・論理的に述べる
オリジナル・クリエイティブ	常識的・良識的
エッセイ的・具体的	社説・論説的
フィーリング	シンキング
営業的表現	分析的表現
独創性・個性	起承転結・序破急

※作文 ←→ 論文

タイトルが「読書」「AKB48」「東京オリンピック」の場合

★作文は、タイトルに「私の〜」「私にとって〜は」と私を添えて書いていく。
例：「私の読書」「私のAKB48」「私にとって東京オリンピックとは」
⇒自分の好きな本と理由、AKB48で好きなメンバーと理由などを自分視点で明記する

★論文は「〜論」「〜学」とロジカルな文章をイメージする。
例：「読書論」「AKB48論」「東京オリンピック学」
⇒若者の読書離れの傾向とデータ、AKB48の未来像など、プラスの味つけをして論理的に述べる

ノート

大学生のためのノート・作文・レポートの書き方

◆予習＆復習「起承転結」をマスターしよう

先生、リケジョの私は文章や作文が不得意なのですが、大学生の文章の書き方の基本について教えてください。

わかりました。中学・高校時代によく聞いたと思いますが、「起承転結」について、おさらいしましょう。文章の基本的な流れは「起承転結」ですので、大学生になったみなさんは、今後この流れを意識して文章を書きましょう。身近な具体例をもとに、説明をしてみましょう。明音さん、SMAPの「世界に一つだけの花」は知っていますか？

はい、もちろんです。高校の教科書にもありましたし、友人とカラオケでよく歌います。

「世界に一つだけの花」　作詞・作曲：槇原敬之

花屋の店先に並んだ　いろんな花を見ていた
ひとそれぞれ好みはあるけど　どれもみんなきれいだね
この中でだれが一番だなんて　争うこともしないで
バケツの中誇らしげに　しゃんと胸を張っている
それなのに僕ら人間は　どうしてこうも比べたがる？
一人一人違うのにその中で　一番になりたがる？
そうさ　僕らは世界に一つだけの花　一人一人違う種を持つ
その花を咲かせることだけに　一生懸命になればいい

JASRAC 出 1703517-701

この歌詞を「起承転結」に分けた場合、どのように分けることができますか？　右ページに書き込み、またそれぞれのキータイトルも書いてみましょう。

◆復習:起承転結とは

起:文章の書き始めで読者を話に引き込み
承:主題を展開し
転:視点を変えて興味を引き
結:全体をまとめる

◎下記の歌詞の起承転結を〇で囲み、書いてみましょう。
　また、それぞれのキータイトルもつけてみましょう。

花屋の店先に並んだ　いろんな花を見ていた
ひとそれぞれ好みはあるけど　どれもみんなきれいだね
この中でだれが一番なんて　争うこともしないで
バケツの中誇らしげに　しゃんと胸を張っている
それなのに僕ら人間は　どうしてこうも比べたがる？
一人一人違うのにその中で　一番になりたがる？
そうさ　僕らは世界に一つだけの花　一人一人違う種を持つ
その花を咲かせることだけに　一生懸命になればいい

起＝

承＝

転＝

結＝

先生、起承転結の仕分けはできましたが、キータイトルつけが難しいですね。

このワークは今後の文章表現の練習になります。
では、一緒に見ていきましょう。

〈起〉　花屋の店先に並んだ　いろんな花を見ていた
　　　　ひとそれぞれ好みはあるけど　どれもみんなきれいだね

〈承〉　この中でだれが一番だなんて　争うこともしないで
　　　　バケツの中誇らしげに　しゃんと胸を張っている

〈転〉　それなのに僕ら人間は　どうしてこうも比べたがる？
　　　　一人一人違うのにその中で　一番になりたがる？

〈結〉　そうさ　僕らは世界に一つだけの花　一人一人違う種を持つ
　　　　その花を咲かせることだけに　一生懸命になればいい

起・・・花についての導入・イントロダクション
承・・・花の様子や特徴を説明
転・・・人間の様子や特徴を説明
結・・・未来や他者に対しての気持ちや愛情の行動

「承」と「結」の花と人間が対比になっていますね。

文章を書くときのポイントは、

　① ストーリー展開（起承転結）になっている
　② 上手さよりも、わかりやすさが大切
　③ 伝えたいメッセージやポイントが明確

を忘れずに練習すれば、上達していきます。上手な名文よりも明確な明文を心がけましょう。

文章の起承転結というとかた苦しく聞こえますが、好きな歌手や歌詞から考えると、遊び心も生まれ、楽しく創作できると思います。他にも挙げてみましょう。
　ではみなさんも、最近の身近な歌詞や曲で、起承転結ソングがあれば、書いてみましょう。

```
曲名『　　　　　　　　　　　』（歌手名　　　　　　　）
歌詞



```

確かに歌詞や曲も日本語ですし、とても身近な言葉から考えれば楽しく学べることがわかりました。

◆抽象的なテーマを具体的に変えて書こう

苦手な作文を克服したいのですが、コツはありますか？

高校入試や大学受験でも、作文がありましたね。大学でも一般教養科目や専門科目などレポートや論文など、いろいろ書く機会も多くなってくると思いますので、ここでは抽象的なテーマを具体的に変えるワークをしていきましょう。

「つながり」をテーマにした作文を400字で書きなさい。

【テーマが設定されている作文を書くときのポイント】

① テーマ「つながり」から連想する言葉を思いつくまま書く

②「自分の体験」や「具体例」が多いキーワードを選ぶ

③ 起承転結をイメージしながら、スケッチしてみる

④ 伝えたいメッセージが明確かどうか、チェックする

⑤ 最後にオリジナルのタイトルをつける

 サンプル

社会学部4年　　近藤直也

『かけがえのない絆』

私にとって、「つながり」は「絆」が思い浮かぶ。

　2011年3月11日の東日本大震災で、宮城県仙台市出身の私の実家は一部津波の被害にあった。浸水し、そのとき家は住めなくなったが、幸い家族は無事だった。

　当時経営学部2年だった友人の翔平が、テニス部の仲間に声をかけ、春分の日に7名で夜行バスに乗って自宅のがれきを撤去し、3日間清掃ボランティアに来てくれた。

　私は、翔平たちの思いやりで、汗か涙かわからない感動の日々を過ごすことができた。大学やサークルの仲間のつながりを通じて一生忘れることができない経験をした。

　父親が「みんなの応援のおかげで、自宅も住めるようになり、心の傷が絆に変わった。今度は私がみんなを助ける番だ」と涙ぐんだ。

　「今回のボランティアを通じて、人助けに目覚めました」と翔平は父と私に言った。1年後、翔平たち7名の仲間は、NPO法人のボランティア団体を作り、父と私もサポートしながら、今も9名で活動している。

　私も、このつながりをきっかけに、将来感謝される仕事を目指したいと思う。

原稿用紙を使って、作文を書いてみましょう。

「文は人なり」
相手の心に響く作文術とは

先生、自己満足の文章ではなく、読み手の印象に残る作文のアドバイスをお願いします。

学生になると、書く時間が増えてきます。レポート、課題作文などです。もちろん、就職活動、社会人でも書く必要は出てきますね。
　では、ここでは、「ズバリ！　唐沢式・作文を突破する必勝五箇条」をアドバイスしましょう。

プレゼンテーションや面接だと、「話し上手＋聴き上手」という要素が問われますが、作文は、「書き上手＋読み上手」という必要はありません。とにかく、場数を踏んで慣れていきましょう。
　「書いて＋書いて＋書いて」たくさんトレーニングをすることです。42ページでもアドバイスしましたように、毎日の日記は効果テキメンです。自分磨き、言葉磨き、大学生活磨きにもなり、自己研鑽(けんさん)につながります。

作文の苦手克服をするための処方箋をアドバイスしましょう。☐のチェック欄ももうけたので、自分で確認しながらチェックしてみましょう。

唐沢式・作文突破必勝五箇条

第一条　誤字脱字はご法度！ ☐
インターネットやパソコン、携帯メールの影響もありますが、「間違った日本語」には、くれぐれもご注意を！
　これは作文・論文に限ったことではありませんが、日頃から意識して、「正しい日本語」を使うようにしておきましょう。

第二条　タイトルをうまく料理しよう！ ☐
出題されるタイトル・テーマは、授業や科目によってもちろん異なります。作文・論文もすべて自己PRであり、日記とは違うので、自分という人間をどこまで引き出せるか、が鍵になってきます。
　タイトルで、「空」「レモン」「読書」「東京オリンピック」など、どんなタイトルが出てきても、「私の○○」「私にとって○○とは？」と考えていきましょう。抽象論ではなく、具体論で展開することです。

第三条　具体的なエピソードを盛り込む！ ☐
自分の考え、体験、エピソード、アイデアなどを具体的に盛り込むことが大切です。
　出る杭、出すぎる杭は打たれない。
　５Ｗ１Ｈや固有名詞などを使って、レッツトライ！

第四条　個性を入れた「キャラ作文」をつくろう！ ☐
「個性」とはパフォーマンスのことではありません。
　書き出しを会話文にしたり、体言止め、引用、ことわざなど、創意工夫をして書くとインパクト大！

第五条　原稿用紙の使い方でも差がつく！ ☐
マスの使い方、そして、余白を残さない、はみ出さないなど、基本的なエラーは、避けよう。句読点、かぎかっこ、段落替えなど、もう一度復習しておきましょう。

先生、作文・論文力をあげるためには、やはりたくさん書いて場数を踏むことですか？

はい。先生や先輩、授業やアルバイト、サークルなど、できるだけ多く見てもらって、「習うより慣れよ」の精神で、文章アレルギーをなくしていきましょう。

参考までに、3、4年生で必要な就職活動での作文の採点ポイントを明記しておきます。1、2年生でも表現力の基礎を習得しておきましょう。4年生になってから準備するのでは遅いので、早めにチェックしておきましょう。1、2年生では、先生相手の課題ですが、就職活動になると、相手は企業になります。

　何を求めているのか？　学生の何を見ようとしているのかを把握したうえで、書きましょう。

👉ポイント

読み手は、両親と同じ昭和世代。意識しながら、「学生モードのうっかり作文」から、「社会人モードのしっかり作文」へスイッチを変えていこう
　1、2年生のうちに、授業の課題レポートや提出物などを通じて鍛えていこう

◆ズバリ！ 就職自己PR作文の採点ポイントとは

「文は人なり」と言われるように、その人の書いた文章で、「知識」「観察力」「論理性」「感性」を見ます。まさに、作文は人間そのものの表れですね。

① 学生の職業観をテストする
　「なぜこの企業に入りたいのか？」「どうしてこの仕事がしたいのか？」企業は学生に対して、職業観をテストします。自分の意見を整理しておくことがポイントになってきます。

② 仕事に対する熱意はどの程度あるか
　企業は大学とは異なり、「知識だけの専門バカ」はいらない。社会人になるとマニュアルにはない状況判断、TPOに合った行動が求められます。ここで大切なのは、知識よりも知恵です。

③ 学生のパーソナリティや性格、人柄を見る
　企業は、人の集まり。単なるホームワークだけでなく、グループとしてのチームワークがあるかどうかも重要な要素。どんなに成績が優秀であっても、協調性がなければなりません。「この人たちと一緒に働くんだ！」という気持ちを忘れず、自己PRしましょう。また、明朗快活さも忘れずに。

④ 一般教養、基本的知識はどの程度あるか
　企業を支える社員一人ひとりにも、社会性が求められる。どんなに優秀な社員であっても、常識がなく、社会になじまない人は企業にダメージをもたらしてしまいます。良識のある博識な人物であることをアピールしましょう。

⑤ 自分の考えをきちんと説明できるか
　入社すると、会議・プレゼンテーション・交渉・企画・営業など、自分の意見をきちんと説明し、他者に自分の考えを説明する機会が多くなります。上司や取引先に自分の意見を伝えることができるかどうか、それを「論理的」に説明できるかどうかがキーになります。

【作文時間配分】プチアドバイス！

★60分800字勝負！
　① 初めの20分・・・アイデアスケッチ・ラフ考案・下書き
　② 真ん中の20分・・・誤字脱字に注意しながら、清書！
　③ 最後の20分・・・見直し・チェック・校正・まとめのチェック

★「用意、始め！」でいきなり書き始めないこと
　ウサギ型より、亀型で、1字1字確認しながらトライしよう

★「きれいに」書くのではなく「丁寧に」書こう！

　以上の項目に関して、大学生活、授業などを通じて、何度も作文を書き、慣れ、そして自分のスタンスを固めていき、作文苦手を克服・攻略しましょう。

第4章
【話す】

4-1 言語／非言語コミュニケーションとは

◆コミュニケーションにおいて重要なこと

先生、先輩、友人など、さまざまなかかわりがありますが、コミュニケーションをはかる際に重要となるポイントとは何でしょうか？

コミュニケーションをはかる際には、「非言語コミュニケーション」と呼ばれる表情や身振り手振りなどが重要なポイントになります。

　こうやってあみさんとお話をしていますが、いま私が無表情で、いつもよりも低いトーンの声で話していたら、きっとあみさんは嫌な気持ちになって、怖がってしまいますよね。人は、言葉以外のところでも相手の感情の判断をしていることがわかります。

　一方で、メールでやり取りをするときには、文章、つまり言語でしか相手の伝えたい真の情報を読み取ることができませんよね。そのため、実際の相手の感情や強調したい点がどこなのかを判断することは大変難しいです。場合によっては誤解を招くかもしれませんね。メールと比較をすると、コミュニケーションにおいて非言語がどれだけ重要な位置づけかがわかるでしょう。

なるほど。直接相手とコミュニケーションをはかるときには、非言語というものが重要なんですね。また、メールを送るときは、誤解を招かないような伝え方も意識しなくてはなりませんね。言語、非言語について、もっと詳しく知りたいです！

言語のみの会話

相手の伝えたい真の情報を読み取ることができない

非言語を交えた会話

相手の伝えたい真の情報を読み取ることができる

言語と非言語の基本的な違いをおさえるだけで、普段の生活から意識できますね

◆言語／非言語コミュニケーションの違い

では、まず「言語」について説明します。
　言語は言葉のことを指していますが、話す言葉だけではありません。私たちが普段使う話し言葉は「音声言語」と言います。メールは「文字言語」、指文字や点字は「記号」に分類されます。簡単に言えば、言語は最低限の用件を伝えるのに必要な文字や記号です。言語でも感情表現を行いますが、その感情の程度は受け手の解釈によって異なり、言語だけの情報からは相手の意をくみ取ることができません。さきほどのメールのような例が挙げられますね。

言語だけでは相手の本当の姿は見えないし、相手がどのような感情で話しているのか判断するには、情報が少ないですね。

次に「非言語」について説明します。最初に表情や身振り手振りが重要と言っていたので、少しはイメージできると思います。非言語は、相手の話し方、見ためなどから得られる情報です。右の表を見てみると、普段意識していないところも非言語に含まれていることがわかります。

非言語がこんなにもたくさんあるなんて思いませんでした。コミュニケーションはもしかしたら、話す前から行われているものなのかもしれません。見ための印象で相手がどのような人なのか推測してしまいますね。

 ポイント

★言語体
- 音声言語　：直接会話、間接会話
- 文字言語　：筆談、電子メール
- 記号　　　：モールス符号、指文字、点字

★非言語体
- 言葉の表情：大小、強弱、高低、間合い、抑揚、語気、言葉の量
- 体の表現　：身体的特徴、身体的外観、身体加工、行動、動作
- 物　　　　：身につけるもの、創作物

◆「恕」「忖度」の心とは

いままで説明しました「非言語」をうまく活用すれば、話し上手・聴き上手になることができます。伝えたいことをわかりやすく伝えることができ、また、相手の話に合ったリアクションをすることができるようになります。

「非言語」が重要な存在だということは理解できましたが、実際にうまく活用するのは難しいのではないでしょうか。身振り手振りをしようと改めて思うと、かえって不自然になってしまう気がします。

そんなことはないです。「心」さえあれば、誰でもうまくできますよ。心をこめて相手と接することが大切ですね！
　ところで「恕」「忖度」という言葉をご存知でしょうか？「恕」とは孔子の「論語」に登場する言葉です。人生でいちばん大切なことだと説いたのが「恕＝思いやり」であるということです。「忖度」とは「他人の心をおしはかること」です。どちらも「相手のことを考えること」で、さきほどお話した「心をこめる」ことにもつながってきます。しっかりと相手の立場になって想像をはたらかせ、心を配る（配慮する）ことで気持ちを相手に伝えることができますし、相手の気持ちをくみ取り、そのときにふさわしい返答ができるようになるでしょう。

「恕」「忖度」という言葉は初めて知りました！
思いやりの心を大切にすれば、自然な表情を相手に向けることができたり、感情表現が豊かになるのですね。

相手の立場になって想像をはたらかせ、心を配る

「恕(じょ)」「忖度(そんたく)」＝思いやり

×　　○
怒　→　恕
損得→忖度

思いやりの心を持っていれば、自然と表に出る

表情・態度・行動
（非言語）

コミュニケーション上手

話すことも、聴くことも自然とできるようになる

コミュニケーションは人間性を豊かにします！　そのためには思いやりの心を！

 # コミュニケーション上達のコツは雑談力

◆沈黙は金なり？ 沈黙は禁なり？

 今度は、私からみなさんに質問しますね。大学生活で空き時間が1時間できたとき、友人と二人だとしたら、どんなことをして過ごしますか？

 空き教室で寝るか、7号館ラウンジでネットかなあ。

 好きな音楽をヘッドフォンで聴きます。

 17号館地下の学食でビーフシチューを食べながら、悠太君と英語レポート課題の勉強を一緒にします。

 好きなドラマや映画の話を明音さんとしますね。夏休みの過ごし方とかも一緒に話すと思います。

 なるほど、二人でいるのに、寝るとか、インターネットはもったいないですね。できるだけ会話を満喫しましょう。空き時間をいかに過ごすか、それはまさに「雑談力」が大切です。

　「沈黙は金なり」ではなく、「沈黙は禁なり」と心がけておきましょう。確かに一人でいると、読書や昼寝、インターネットやメール、音楽も一人で満喫することができます。二人以上のときでも、大学時代では、自分の好きな時間に好きな友人と、好きな時間の使い方や会話を楽しめ、まさに「ホーム」ですね。しかし、みなさんが卒業して社会人になると、同期と飲み会、先輩とランチ、上司とタク

シーに乗ったり、他部署の人と会合などいろいろな場面でコミュニケーションが必要になります。

　大学時代は、自分の好きな時間に好きな友人と好きな時間の使い方や会話を楽しめますね。しかし、社会人はアウェーの連続です。

外国へ一人旅するようなものですか？

そこまで完全アウェーではないでしょう。日本語でコミュニケーションできますし、共通点もあると思いますので、雑談力の出番ですね。

　面識のあるホームから初対面のアウェーまで、社会人になると、どんな人ともコミュニケーションをする必要があり、そこで人間力が試されます。黙っていては、空気を読めないと思われます。その場に応じたＴＰＯで、雑談力を大学時代から磨いておきましょう。

　雑談力アップ、好感度アップ、人間力アップすれば人生もグレードアップしていきます。

先生の大学時代は、どんなアウェー会話のエピソードがありましたか？

私は、大学２年６月の４限の空き時間に、図書館前の噴水広場で一人でボーッとしていました。そんなとき、他学部の学生が私の隣に座ってきたのです。当時はインターネットやfacebookなどもありませんから、すぐに話しかけました。「私は社会学科の唐沢と言いますが、学部は？」「あ、どうも、僕は心理学科２年の西川です」という会話をしたのを覚えています。その後、同学年で親しみを感じ、初対面にもかかわらず、野球好きなど共通の話題も弾み、５分後には一緒に学食に行っていました。

親子丼を食べながら、そこで西川君から「ところで大学の編入学試験って知ってる？」と訊かれ、「え？　なんですかそれ」と私は驚き、興味を持ちました。再受験かどうか悩んでいたので、「渡りに舟」の話題提供でした。まさにシンクロニシティ、セレンディピティと思いましたね。
　その後、編入学について調べ、願書を取り寄せ、編入学受験に合格し、いまの私にたどり着きます。

さすがですね、知らなかったです。

そうだったんですか？

素敵なエピソードですね。

それはすごいご縁ですね。

◆雑談のコツは、
　「うなぎのかお」でコミュニケーション！

さて、雑談力を上げるコツの覚え方をお伝えしましょう。
　それは、「うなぎのかお」です。「間」が空いたときに、雑談しなきゃ！と焦ることなく、下記の6ポイントできっかけをつかんでいきましょう。雑談には台本はありませんが、最初のきっかけは必要です。

　　　う・・・うれしかったこと
　　　　　　　【感動、出会い、喜びなど】
　　　な・・・懐かしいこと
　　　　　　　【久しぶり、再会など】
　　　ぎ・・・疑問に思ったこと
　　　　　　　【質問、確認、訊きたいことなど】
　　　の・・・ノリノリ（自分）または望み（相手）
　　　　　　　【お互いのWANTやワクワクしたことなど】
　　　か・・・悲しかったこと
　　　　　　　【辛い、寂しいなど】
　　　お・・・驚き、面白いこと
　　　　　　　【びっくり、爆笑エピソードなど】

以上が、「うなぎのかお」です。
みなさん、マンガにすると、覚えやすいですか？
こんなふうに……

では、順番に雑談エピソードを広げていきましょうか。

私からいきます。「う」は、フランス語の中間テストで初めてＡを取って、感激し、大変嬉しかったです。

「な」ですね。中学の同窓会で、親友と４年ぶりに再会して、懐かしかったです。医学部に入学していてびっくりでしたね。

「ぎ」は、ヨガスクールの説明会に行ってみると、なぜだか男性が多くて疑問でした。

「か」は、飼っていた金魚３匹が暑さのために死んでしまい、弟と墓をつくりました。

具体的で「自分事」のエピソードなら、話も広がりますね。

みなさんも「うなぎのかお」雑談プチトレーニングを書いてみましょう。

う

な

ぎ

の

か

お

◆雑談力がアップすれば、
　人間関係もスマイル晴れマークに

人間関係がうまくいくと、勉強、部活動、アルバイト、ボランティア活動などすべて好循環になります。

　もちろん、仕事だってうまくいきます。たった1分間で相手の心をつかむことができれば、すべて円滑に進み、心の層も厚くなっていきます。

　雑談は「単なる世間話」や「意味のないムダ話」ではありません。自分が言いたいことをノープランで話し、なんの実りもないのが世間話。それに対し、会話のなかで相手の情報を得ながら距離を縮め、信頼関係を築くのが大人の雑談力です。

　人に好印象を与えたり、仕事がスムーズに進んだり、友人や仲間が増え、コミュニケーション力もアップし、お互いのハートがスマイルになるだけでなく、ミルフィーユのように重層になります。

先生、「うなぎのかお」を聴いた相手は、どんな対応をすればよいのでしょうか？

よい質問ですね。ポイントは、『聴く力』です。雑談がうまい人は、みんな例外なく聴き上手。自分が話すよりも、相手から話を聴き出すことに意識を向けることですね。

　さらに、雑談を通じて「何を知りたいか」という目的を持って話すことで、「ダラダラ会話」から脱却できます。

　さきほど、私の大学時代のエピソードを聴いたときのみなさんの相づち、リアクションは「引き出し上手」になっています。野球のバッテリーも、投手だけでなく、キャッチする捕手も上手だからこそ、会話のキャッチボールに深み、厚み、濃さが生まれてくるのです。雑談のきっかけは「うなぎのかお」で横軸を広げて、聴き手が名捕手になれば、

今度は縦軸にミルフィーユのように重層になってラリーとなりますね。

先生、話し手だけでなく、聴き手の相づち力も極めて重要ということですね。

はい、そのとおり。

ここで「さしすせそ」で整理し、まとめておきましょう。

雑談力を引き出す聴く技術5つのリアクションフレーズ
　　さ・・・さすがですね！
　　し・・・知らなかったです
　　す・・・素敵ですね
　　せ・・・センスがいいですね
　　そ・・・それはすごいですね

85ページの「うなぎのかお」をペアワークで発表をし、聴き手も相手の目を見ながら「さしすせそ」のリアクションをしてみましょう。

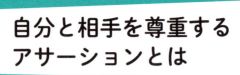

自分と相手を尊重するアサーションとは

◆アサーションはコミュニケーションに不可欠

「周りの人と自分の意見が違うため、なかなか言い出せない」「自分の都合があっても誘いを断ることができない」なんてことで悩んでいませんか？

じつは、いまそのような状況に置かれていて悩んでいます。どうしたらよいのでしょうか？

そうでしたか。よい解決方法がありますよ。それは「アサーション」というものです。アサーションについて詳しく知ることで、自分を変えることができ、人間関係に悩むことも減ります。

アサーション……それはどういうものでしょうか？

アサーションとは、自分も相手も大切にした自己表現のことです。「自他尊重のコミュニケーション」と言われることもあります。

「自分も相手も大切にした自己表現」……。それが実現できたら、いまの悩みがなくなります。友好的な人間関係が築けそうですね。「アサーション」について、詳しく知りたいです！

それでは、「アサーション」について詳しく説明しましょう。

　「アサーション」とは、自分の考えを大切にしますが、同時に相手の考えも尊重しようとするものです。自分の考えを閉じ込めるわけでもなく、相手に押しつけるわけでもありません。自分と相手のバランスが偏ることなく、均一に保たれている状態ですね。これは、心の安定にもつながっていくのです。
　お互いの意見が尊重された結果として、意見がくい違うこともあります。だからといって、すぐに折れたり、相手を無理やり同意させようとしてはいけません。面倒くさがることは一切せず、粘り強くお互いの意見を出し合いましょう。そうすれば、お互いにとって納得のいく結論を導き出すことができるかもしれません。たとえ、うまく結論が出なかったとしても、その歩み寄る過程が大切なのです。

 その努力をした分、相手との絆も深まりますね。自分の考えも聴いてもらうことができ、閉じこもっていたストレスがなくなり、よいことばかりですね！　効率ばかり考えていては駄目だということがわかりました。

 そうなんです。効率よく話し合いが進んだからといって、会話の内容が不十分では、よい方向には進みません。時間がかかったとしても、その時間だけお互いが歩み寄ることができたわけですから。お互いを理解し合えた、という気持ちが残る会話になることがベストコミュニケーションです！

◆「アイコンタクト」「笑顔」「姿勢」について

アサーションの大切さを学ぶことができました。
それでは、自分の考えを相手に伝えるときのポイントは何でしょうか？

「アイコンタクト」「笑顔」「姿勢」この3点が大切です。
まず始めに、「アイコンタクト」について説明しましょう。

アイコンタクトとは相手の目を見ることです。相手の目を見て話すことにより、話を通じやすくさせ、物事を伝えることが可能になります。また、相手も自分を見て話を聴いているかがわかるということも重要になります。コミュニケーションというのはお互いに自分の意見や考えを相手に伝え合い、意思疎通を図ることです。このときにお互いに目を見て話すと、耳で聴くだけのときよりも話の内容が頭に入ってきやすくなります。他者とコミュニケーションをする際は目を見て話すとよいでしょう。

　しかし、アイコンタクトを取るのが苦手という方も中にはいるかもしれません。そのようなときは、ときどき目をそらしたりするとよいと思います。話している間ずっと相手を見続けることで、緊張して硬直してしまうことがあります。また、聴き手も目を合わせることが苦手かもしれません。話の本当に重要な部分を伝えるときに、目を合わせようとすることもよいと思います。

慣れてくれば、自然とできるようになりますから、少しずつで大丈夫ですよ。

アイコンタクトはお互いに自分の意見を伝えるために大切なことなのですね。私もなるべく相手の目を見て話すよう

にしたいと思います。
　アイコンタクトを取る際に両者ともリラックスした状態であることがいちばんよい状態ですよね。初対面の方とも、すぐにそうなれたらいいなあ。

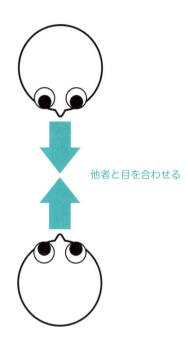

他者と目を合わせる

ポイント

★話す側も聴く側も視線を合わせて会話する

★なるべく相手の目を見て自分の伝えたいことや相手が伝えようとしていることについてお互いに意思疎通を図ることが大切であるが、視線を合わせるのが苦手な場合は、ときどき目をそらしたりしながら話す

では次に、会話の中での「笑顔」について説明します。

楽しそうに話したり、適切な場面で微笑みかけたりすることで、相手も楽しい気分になり会話が弾むようになります。話し方が楽しそうだったら、誰でも自然と楽しい気持ちになると思います。

　笑顔になることによって、無表情のときよりも相手の自分に対する好感度が高まり、後にそれが信頼に変わっていきます。

　ただ、笑顔は場面によっては失礼になったり、相手を怒らせてしまう場合もあるため注意が必要です。信頼を壊すのは簡単ですが、信頼を回復させ、取り戻すのは容易ではありません。場面に応じて表情を変化させながら話すとよいでしょう。

笑顔をつくるのは、相手を楽しい気分にさせるのに役立っているのですね。普段の何気ない生活から、笑顔を大切にしていきたいです。

それでは最後に、「姿勢」について説明しましょう。

他者と会話する際の姿勢はとても重要です。背筋を伸ばして、椅子に座る場合は深く腰かけるようにします。相手と話すときは、話す立場でも聴く立場でも真剣である印象を与えることが大切ですから、姿勢も大きくかかわってきます。このとき、してはいけない姿勢は「防衛姿勢」です。例として、腕を組む行為です。これは自分が不安を感じていたりすると表れるもので、この行為は相手に心を開いていないと見られてしまいます。相手に心を開くために、防衛姿勢を取らないようにしましょう。

やはり、姿勢に気をつけるのは重要なことなのですね。背筋を伸ばして胸を張って自分に自信を持たせることが、よいコミュニケーションにつながっていくのですね。

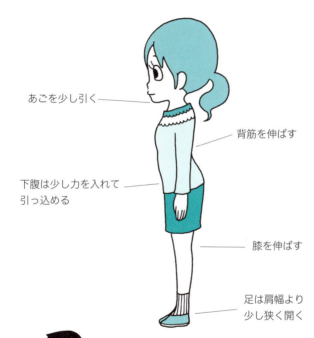

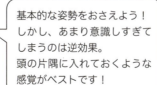

知っTELつもり？の電話のかけ方・受け方マナー

◆電話は相手が見えないからこそ、
　For YOU精神が大切

先生、いままでメール中心だったのですが、電話をかけるときや受けるときのポイントを教えてください。

確かに、大学生は「電話は時間を拘束する迷惑ツール」と誤解している人も多いようですが、メールよりも電話のほうが、迅速で正確に伝わるなど利点も多く、就職活動や社会人の仕事では電話コミュニケーションは、MUSTになっていきます。

電話では、自己都合ではなく、相手の都合を考え、思いやりが大切です。「For MEより、For YOU」精神で円滑な電話コミュニケーションをしましょう。就職活動のOB訪問や会社説明会の予約をするときなどにも電話を使います。電話は相手の顔が見えない分、人柄、人間性が出てしまいます。
　〈書く〉メール⇒手紙、〈話す〉メール⇒電話のように、デジタルからアナログコミュニケーションに慣れていきましょう。

では、悠太君と私が交互に電話での会話を練習してみましょうか。

● 電話をかけるとき

①

 まず、自分の所属と名前を伝えましょう。

例『わたくし、〇〇大学スポーツ科学部1年の版元悠太と申します』
※相手が自分の名前と電話を登録しているとは限りません。面接試験も最初に必ず大学名と名前を伝えます。

②

 電話の用件と相手の都合を伺いましょう。

例『いま、ゼミ合宿の集合時間の確認で少々お時間よろしいでしょうか？』
※メールの「件名」、書籍の「タイトル」に似ています。

③

 用件を整理して伝えましょう。

例『ゼミ合宿の集合時間は朝10時に変更でしょうか？』
※内容が複数、複雑な場合はメモしながら最後に復唱します。

④

 相手にお礼を伝えましょう。

例『唐沢先生、本日はご多忙の中、ありがとうございました。当日はよろしくお願いします』
※相手が電話を切ってから、自分も切りましょう。

電話をかけるときは、周りの騒音や電波状況にも注意して、「電波の切れめが縁の切れめ」にならないように環境も整えましょう。留守番電話もコンパクトにまとめましょう。

将来の自分のためにも、面識のある人や登録している友人にも最初に名前から言う練習をしておいたほうがよいですね。

先生、今度は受けるときのポイントを知りたいのですが。

●電話を受けるとき
①

着信音が鳴ったら、できるだけ3〜5コール以内で取りましょう。

例『はい、出原明音です』

『いま、電車で移動中ですので、10分後にこちらから折り返し電話します』
　※就職活動の場合は、大学名と学部も添えてもよいですね。移動中、食事中のときも、相手に対する誠意、配慮を持った対応をしましょう。

②

聴くときのポイントは「相づち・返事」です。

例『はい』『かしこまりました』『承知しました』
　※無視や無言は避け、「はい、はい」「ええ」なども禁句。「了解しました」は目上の人から目下への言葉で注意。

最後に復唱して電話を切りましょう。

 例『明日の場所の変更の件、承知しました』
『唐沢先生、本日はお電話ありがとうございました』

 電話を受けるときも、相手に対する感謝の気持ちが大切ですね。

 はい、そうですね。また、就職活動のときは、会社から面接通過などの電話がかかってくるときもあります。「非通知」の電話の会社もありますので、その電話に出ないと内定通知も出ない悪循環になることもありますので、登録している会社や人物だけでなく、自分の予定や環境も想定しながら、For YOU精神で電話ツールを得意に変え、スムーズなコミュニケーションを心がけましょう。

二人一組でヒーローインタビューにトライ！

◆ペアワークで自信倍増大作戦！

あがり症を克服するためには、どうすればよいのでしょうか？

私も大学時代は、過度のあがり症でした。学生だけに限らず、社会人でも人前で話すとなると、緊張で声が裏返り、あがってしまい、それを大きなメンタルブロック（ネガティブな思い込み）として持っている方も多くいますね。

　以前、コミュニケーションが苦手なある女子大生が、私の個別相談ゼミに来ました。その学生のように、なかなか自分の話し方に自信が持てないという人には、まず自分のよいところや好きなところをノートに書き出してもらうようにしています。

　「自分の強みを伝える」という大学の授業でも、「あなたのよいところ、好きなところを、家族・友人・アルバイト先・サークル活動など、5人以上の方に訊いてきてください」という課題を出します。そうすると、中にはLINEやfacebookなどを通して友達全員に訊き、たくさんの心温まるメッセージを受け取り、「とてもよい発見ができた」と話す学生もいました。

　「承認（認める・ほめる・肯定する・賛同する・賛成する）」は、人間の最も強い欲求です。私たちは、認められたい・ほめられたい動物なのです。人間は承認されることによって、自信を深めていきますね。

　私の「自信をもってスピーチする」ゼミでは、セルフイメージを高めるために、コーチングの手法である「ヒー

ロー（ヒロイン）インタビュー」を行います。

野球やサッカーのヒーロー（ヒロイン）インタビューのイメージでしょうか？

はい。試合後にＴＶで放送しているお立ち台ですね。試合で活躍した選手に、インタビュアーが「今日のヒーロー（ヒロイン）です。今日の気分はいかがでしたか？」「９回裏の打席ではどんな心境でしたか？」などと、最高の共感・共鳴をして訊いてくれますよね。それをいまからレッツトライ！

◆「ヒーロー（ヒロイン）インタビュー」に挑戦しよう！

二人ペアになって、それぞれヒーロー（ヒロイン）役、インタビュアー役になります。インタビュアーは、「あなたがヒーロー（ヒロイン）だった、最も輝いていた瞬間、誇らしかったこと、嬉しかったこと、楽しかったことなどを教えてください」と質問してみましょう。

先生、なんだか快感のドーパミンが出るというか、ワクワクスイッチが入るというか……。

そうですね。その気分爽快なイメージです。そして、相手に共感をしながら、どんどん話を膨らませてください。「素晴らしいですね！　そのときどんな気分でしたか？」「周りの方は何と言っていましたか？」という感じです。
　ポイントは、ヒーロー（ヒロイン）役がいかに気持ちよく、楽しい気分で話せるかです。インタビュアーは一緒に話をどんどん盛り上げましょう！

話すことは、最近のことでなくても大丈夫でしょうか？

はい。たとえば、「母がまだ幼い私と弟を自転車に乗せてくれて、ハンバーガーを食べに連れて行ってくれたこと」「中学1年のときダンス部の部長としてステージに上がり、拍手喝采を浴びたこと」「震災後の仙台で30名のボランティアと一緒に現地に行ったこと」「池袋の区民ホールで、200名を前に日本舞踊をしたこと」など……。
　ヒーロー（ヒロイン）インタビューを行うと、本当に学生の顔が輝いて、笑顔が素敵になります。そのときのワクワクした、嬉しい気持ちを思い出すのです。「へえ、あの人が！？」という意外な話も出てきて、とても盛り上がります。
　たとえば、友だちや同級生などであまり元気のない人にも、ヒーロー（ヒロイン）インタビューをしてみるとよいでしょう。お互いに表情が輝いて、声も大きく明るくなるはずですよ。

先生、「ヒーロー（ヒロイン）インタビュー」で、最も輝いていた瞬間のワクワク感を思い出してみますね。

〈書く〉の章でもアドバイスしましたが、一度書いてみて、脳内スケッチしてみると、具体化、イメージ化していけますね。インプットした後は〈話す〉アウトプットでトレーニングしてみましょう。

ノート

マイナスをプラスに変える リフレーミング法

◆短所・マイナスを長所・プラスに転化させる

さきほど「書く」と「話す」はつながっていると説明しましたが、一人でいるときも、自分で自分にヒーロー（ヒロイン）インタビューするように、「自分の長所、好きなところ、得意なこと」などを、書き出してみるとよいですね。

でも、自分に自信がないので、あまり具体的に書けないのですが……。

なるほど。では明音さんには逆に、まず「自分の短所、嫌いなところ」を書いてもらいましょう。そして、それを書き換えることをしますね。

独自の物の見方を心理学用語で「フレーム」（枠組み）と言います。私たちは、個々のフレームを通して、世の中を見ています。同じ物事でも、人によって見方や感じ方は違います。しかし、本質は1つです。そこには「物事」があるだけです。

短所というとマイナスのイメージがありますが、短所も別の角度から見てみると、長所・プラスになるのです。これを「リフレーミング」と言います。

◆ポジティブワードに変えて、前向きスイッチON！

明音さん、「口下手である」ことを長所に言い変えるとどうなりますか？

えっと、「慎重に言葉を選ぶ」でしょうか？

そのとおりですね。このように、マイナスからプラスの言葉に書き換えて、自信に変えていきます。書いた長所は、壁に貼ったり常に見えるようにするとよいでしょう。自分に自信を深めることで、声も出てくるのです。

　『嫌なことノート』という書籍もありますが、書き出す、吐き出す、カミングアウトも必要ですね。自分の短所・嫌いなところを書き出してみると、心のデトックスにもなります。そして右側に、ポジティブワードへ書き換えていきましょう。実際にクイズ形式でやってみましょうか。

〈クイズ！　ポジティブの言葉の泉〉

マイナスワード（短所）をポジティブワード（長所）に変え、（　　）に書いてみましょう。　例）せっかち⇒行動が早い、真面目⇒誠実である

−短所	⇒	＋長所
① 飽きやすい	⇒	（　　　　　　　）
② 子どもっぽい	⇒	（　　　　　　　）
③ 友だちがいない	⇒	（　　　　　　　）
④ わがまま	⇒	（　　　　　　　）
⑤ 神経質	⇒	（　　　　　　　）
⑥ 自己主張がない	⇒	（　　　　　　　）
⑦ 強引	⇒	（　　　　　　　）
⑧ 経験不足	⇒	（　　　　　　　）
⑨ 芽が出ない	⇒	（　　　　　　　）
⑩ 無謀	⇒	（　　　　　　　）

ヒント　④⑦はカタカナ、⑧⑨は四字熟語が入ります。（答えは110ページにあります。）

他にもあれば、書き出してみましょう。
　　−短所　　⇒　　＋長所

リフレーミングすることで、物事をバランスよく見ることができます。短所を長所に置き換えて自信も倍増します

第４章【話す】　マイナスをプラスに変えるリフレーミング法

プレゼンテーション・スピーチの基本

Hop プレゼンテーションの入門

先生、プレゼンテーションを今度、大学のリベラル・アーツの授業で初めてやることになりました。プレゼンテーションの目的についてアドバイスをお願いします。

大学の授業だけではなく、就職活動、ゼミ発表、卒業論文の口頭試問などで、プレゼンテーション（以下プレゼン）は必要不可欠ですね。社会人になれば、さらにプレゼンの機会は増えていきます。スライドなどの視覚的効果を利用しながら、聴衆の前で説明、あるいは主張することですね。プレゼンの方法について考える前に、まずここでは、プレゼンの目的は何かということから考えていきましょう。

4年生の先輩から、「プレゼンの目的は聴き手を変えること」であるとアドバイスをもらいました。

そのとおりですね。プレゼンの目的は、そのプレゼンを聴いた人を変えるということです。もし、悠太君があるプレゼンを聴いて、自分がまったく変わらなかったと感じたら、実質的にはそのプレゼンを聴かなかったのと同じことになります。プレゼンの目的は聴き手を変えるということです。もし聴き手が変わったら、そのプレゼンはうまくいったと認定されます。難しく考えず、プレゼンは、聴き手への「プレゼント」だと思って習得していきましょう。

　それでは、聴き手の何を変えるのでしょうか？　それには3つあります。

先生、3つのポイントを説明してください。

第一の目的は聴き手の知識を変えることです。聴き手がいままで持っていなかった情報提供し、受け入れてもらい、その結果、話し手と同じ情報を共有することです。
　あるいは、聴き手がすでに持っている知識を変えて、新しい知識に置き換えてもらうという方法もあります。たとえば、論文発表や新製品のプレゼンなどがこれにあたります。新しい知識を聴き手に共有してもらうということが、このプレゼンの目的になりますね。

まさにプレゼンはプレゼント（相手への贈りもの）ですね。

はい、そのとおりです。プレゼンの第二の目的は聴き手の技能を変えることです。聴き手がいままで持っていなかった技能（スキル）を獲得する方法を提供し、結果として、聴き手は新しい技能を獲得することになります。この目的を主眼にしたプレゼンは、実習やワークショップという名称を使うこともあります。
　たとえば、実験・研究プレゼン発表や、クレーム処理などのプレゼンがこれにあたります。4年生の就職活動や大学院入試の面接試験などでは必要になってきますね。自分の技能を聴き手に共有してもらうということがこのプレゼンの目的です。

アメリカのTEDが有名ですね。

まさに、TEDも注目されているプレゼンで、今後日本の高校や大学でもアクティブ・ラーニングという手法が増えていきます。
　プレゼンの第三の目的は聴き手の態度を変えることです。

聴き手がいままで持っていなかったアイデアや概念を理解し、受け入れてもらい、その結果として、聴き手は新しい態度を得ることになりますね。

先生、よくわかりました。そのプレゼンを聴いた人の心を変えるということが、プレゼンの究極のゴールなんですね。

Step プレゼンテーションはコミュニケーション

聴き手を変えることをプレゼンの目的として想定すると、次にすることが決まってきます。それは、プレゼンはコミュニケーションでなくてはならないということですね。

一方通行のドッジボールから、双方向のキャッチボールにですね。

はい、そのとおりですね。聴き手に「キャッチ」してもらわないと、一人で壁打ちテニスになってしまいますね。

● お互いに共有して理解しよう

プレゼンはコミュニケーションです。コミュニケーションが成立するためには、話し手と聴き手とが共通のものを持っているという状態でなければならないのです。どんなに素晴らしい話であっても、それが聴き手に理解されなければ会話のコミュニケーションは成立しませんね。

　理解できないのは、お互いに共有できないからです。コミュニケーションを成立させるためには、まず聴き手に受け入れてもらうことが必要です。説明したり主張したりする内容をよく整理し、できるだけシンプルなメッセージにまとめることです。どんな内容を盛り込むかということよりも、余分なものを捨てて整理しましょう。

Jump プレゼンテーションは話し方で決まる

先生、やはりプレゼンには事前準備が必要で重要ですね。

はい。プレゼンの良し悪しは、その内容ではなく、話し手の第一印象で決まると言われることがあります。だから服装や身だしなみが大切だというのです。本書では服装や身だしなみ、マナーについては詳しく触れませんが、確かにその人の外見は、初めて見たときに何らかの印象を与えるかも知れませんね。

『人は見た目が9割』という本を以前読みました。

そうですね。見ための第一印象はとても大切です。しかし、プレゼンを聴くうちにすぐに慣れてしまい、気にならなくなっていきます。つまり、話し手の外見は決定的な要因ではありません。

では、何がプレゼンの印象を決めるか。それは、話し手の態度、自信です。話し手が堂々として、リラックスしているかどうか、揺るぎない自信が感じられるかどうかということがプレゼンの印象を決めます。プレゼンの自分らしさは、プレゼンする内容への強い思いと準備で決まります。自分の個性を無理して出そうとする必要はありませんね。

時間をかけて準備した内容を発表するだけで相手の心に必ず響くものです。

ところで、プレゼンの時間は長く感じますね。

慣れていけば、おそらく与えられたプレゼンの時間は、あっという間に終わるでしょう。「習うより、慣れよ」で場数を踏みましょう。

はい。試行錯誤で、トライしてみます。

最初は、失敗しても大丈夫ですよ。私もプレゼンは失敗だらけでしたが、おそれずトライしつづけました。学生時代の私のあだ名は「シッパイダーマン」でしたよ。

`Try` スピーチをしてみよう

●スピーチは、3分間・800字程度でまとめよう

特定のテーマについて、限られた時間以内で、多くの人の前で話をするのがスピーチです。聴きやすい話のスピードは1分間に300字程度であり、集中して他人の話を聴ける時間は3分程度であるとされています。

　ここでは800〜900字程度の原稿で3分間のスピーチにレッツチャレンジ！

●聴き手のことを考え、言いたい結論を先に言う

先生、書き言葉と話し言葉はやはり違いますか？

話し言葉では、聴き手は情報を話された順番に理解するしかありません。何についての話なのかが初めにわからないスピーチは聴き手を不安にさせますね。
　結論を最初に述べることによって、聴き手の関心を引きましょう。

スピーチは、どのような構成・流れを考えればよいのでしょうか？

よい質問ですね。論文構成とやや似ていますが、スピーチ全体を「序論（結論）」「本論」「結論」の三段構成にしていき

ましょう。

● 評価だけではつまらない

「冬休みのオーストラリア旅行はとても楽しかった」という言葉の「楽しかった」の部分は評価ですね。ある出来事に対して、良い・悪い、好き・嫌いなどの評価だけでなく、「なぜ良いのか」「どのように良いのか」というような理由や自分の考えをスピーチにぜひ織り込みましょう。

それだけでスピーチの内容が生彩を持つものに変化していきます。

サンプル

◎スピーチの実践例　「私のオススメの1曲」

◆「序論（結論）」
私の薦める1曲は、DREAMS COME TRUEの「何度でも」です。いまからなぜ私がこの曲をみなさんに薦めるか、ということについて話します。まずは曲の冒頭部分を聴いてみてください。
　　　「♪♪♪……」（曲のさわりをCDプレーヤーで流す）

◆「本論」
この曲は私が受験勉強をしていた頃に毎日聴いていた曲です。当時の私は心身ともに疲れ果て、自信も失っていました。そんなときに、勇気づけてくれたのがこの曲です。サビの最後「10000回だめでへとへとになっても　10001回目は何か変わるかもしれない」という歌詞は、「努力し続けること」という強い気持ち与えてくれました。そして、「何度でも」というタイトルは諦めないことの大切さを象徴していると考えます。

◆「結論」
……というわけで、みなさんにもこの曲を薦めます。これからもこのような曲に出会えることを私は期待しています。

JASRAC 出 1703517－701

私の薦める１冊の本・忘れられない出会いなどの題でスピーチをしてみよう。

ワーク 〈クイズ！ポジティブの言葉の泉〉(p.103)
★解答例★
①好奇心旺盛である　②ピュア、無邪気　③群れない　④マイペース
⑤几帳面　⑥協調性がある　⑦リーダーシップがある　⑧発展途上
⑨大器晩成タイプ　⑩チャレンジャー

第5章
【読む】

自然と読書が好きになる乱読のススメ

◆最初は軽い気持ちで本の扉を開いてみよう

どうしても、文章を読むことに苦手意識を持ってしまいます。自然と読書が好きになるには、どうすればよいでしょうか？

「乱読」という読み方をご存知でしょうか？
さまざまな本を手あたり次第に読むことを意味しますが、すべて端から端まで読む必要はないのです。パラパラと流し読みをしてみたり、キーワードだけ拾って読んでみたり、知らない言葉だけに注目してみたりと、読み方はさまざまです。すべてに共通して言えることは、「軽い気持ちで開いてみる」ということです。そんなことをくり返していると、知らないうちに読書が好きになっていたりします。

なるほど！ 読書に対して持っていたかたいイメージがなくなりました。読書をしようと思うと、脳も体も構えてしまい、結局最後まで読めないままになってしまうことが多かったです。

最後まで読もうとしなくてよいのですよ。少しだけ読んで、いまの自分には合わないなと思えば、本棚にしまっておけばよいのです。「そういえば、あんな本持っていたな」と思い出したときに軽い気持ちで開いてみてください。もしかしたら、5年後、10年後の自分には必要な本になっているかもしれません。そんなときは、いつの間にか読み終えていますから。

本というのは、いまの自分に合ったものが、引き寄せられてくるものです。

少しでも開いてみた本のタイトルを書いてみよう。

文字にすることで自信にもつながります！

●「読む」のではなく「見る」

乱読の話にもつながってきますが、本は「読む」ものではなく、「見る」というかたちから入るのもよい方法です。さきほど、拓哉君が「読書をしようと思うと、脳も体も構えてしまう」と言っていましたね。それは「読む」ことに苦手意識を持ってしまっているのに「読もう」としているからではないでしょうか。まずは文字を「見る」ことから始めてみてください。きっと楽しくなってきますよ。

「見る」姿勢から入れば、文字が勝手に目に入ってきますね！ だんだん本へのイメージが変わってきました。

絵本から入ることもオススメします。
絵がメインの本ですから、自然に「見る」ことができます。

絵本は、幼い子たちが読むものだと思っていましたが、絵本だったら気軽に開けそうです！

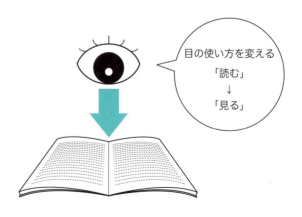

目の使い方を変える
「読む」
↓
「見る」

● 本のエネルギー

ただ、どのような本を手に取ればよいのかわかりません。

気になる著者やジャンルなどはありますか？ もしあれば、まずはそこから入っていくとよいでしょう。もしない場合は、よい選び方があります。それは「エネルギー」を感じるかどうかです！！

エ、エネルギー？

これは、お世話になったある出版社の社長さんからお聴きした話です。大変感銘を受けましたのでお話したいと思います。

　本には1冊1冊エネルギーが宿っていると考えます。なぜかというと、その本はすべて人がつくっていますよね。著者、編集者などさまざまな方がかかわっています。本にはそのような方々の思い＝魂＝エネルギーが込められていると言うのです。

　手に取る読者にとって、そのエネルギーを感じ取れる本、感じ取れない本があるので、その直感を信じてみるのもよいでしょう。

本にエネルギーがあるとは初耳で驚きました。直感を信じて本を手に取ってみます！

直感で手に取った本は、いまの自分に必要な本だということだと思っています。本選びも楽しくなってきますよ。

● 猫は温かいところに寄って来る

エネルギーのお話として、もう1つエピソードがあります。
　猫は温かいところに寄って来るとよく言いますね。著者が原稿を書いていると、その原稿の上に猫が乗ってくる、ということがあるそうです。著者の原稿に込められる熱い思い＝エネルギーが熱となって、猫が感じ取ったのでしょうね。
　本だけでなく、さまざまなものには、エネルギーが宿っていることがわかります。

そんなことが実際にあるのですか！

そうです。人の目には見えないですが、エネルギーというものは、本当に存在するのですね。

● セレンディピティ（偶然の出会い）

「セレンディピティ」という言葉はご存知でしょうか？ 思いがけないものに偶然出会うことを意味します。
　本と人も、そのような関係があると思うんです。さきほどお話しました、本には魂やエネルギーが宿っているという話のように、そのエネルギーによって、本と人は運命的な出会いをします。
　「私が本を読んだのではなく、本が私を呼んだ」そう思っています。

人と人に運命の出会いがあるように、人と本にも運命の出会いがあるということですか！　私を呼んでくれた本を手に取ってみます。

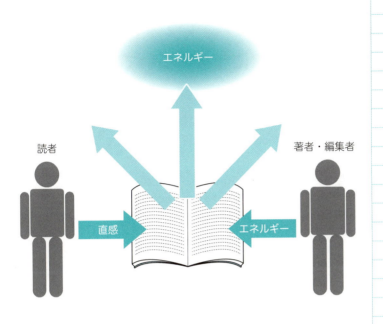

もし運命的な出会いをした本があれば、
理由と一緒にこのハートの中に書いてみましょう。
生涯、思い入れのある本となるでしょう。

お気に入り・オススメの1冊を「POP屋」になって描いてみよう

◆読書が苦手な人は、「本からではなく人物から」入っていくと、世界が広がる

先生、高校時代まで本が苦手で漫画しか興味ありませんが、どうしたら、大学時代に本好きになるでしょうか？

悠太君も私と同じように、「本の壁」がありますね。でもご安心ください。本嫌いの私でも数多くの出版社に内定できたのは、読むというインプット力がなくても、「日記を書く」(42ページ参照)のアウトプット力があったからです。あまり自慢できないことですが、「本を無視」していた私の学生時代でしたが、社会人になってある作家に出会って、「本の虫」になりました。学生時代にもっと読んでおけばよかったと後悔しましたが、みなさんなら間に合いますから私を反面教師にしてください。

　1990年代に、『面接の達人』などの著書を出版していた中谷彰宏氏(元博報堂プランナー)のビジネス書を読み、鳥肌が立ち、それ以来、200冊以上読んでいます。ファンクラブに入り、トークライブに何度も通いました。著者サイン会などのイベントに足を運ぶと、「本アレルギー」「本の壁」もクリアできるきっかけになるかも知れません。そこでまた著者からエネルギーをもらい、化学反応が生まれることもあります。

先生が授業でいつもおっしゃる「事件は教室で起きているんじゃない、現場で起きているんだ」の現場主義ですね。

そうですね。読書はヘッドワークだと思うかも知れませんが、フットワークを大切にしていけば、そこで同じつながりのネットワークも生まれるかも知れませんね。私は、それ以来、本の中毒になってしまい、毎月20冊、年間200冊以上のペースで読んでいます。

　インプットすることによって、アクション、アウトプットしたい、とエネルギーが湧いてくるようになりました。成功者やキャリアアップは、読書量と比例するというデータもありますので、何か1冊、いや1人からスタートしていけばよいと思います。

先生、好きな著者の1冊の本を何回もくり返し読むことも効果ありますか？

もちろんです。50冊を1回ずつ読む人、1冊を50回読む人、いろいろなパターンがあると思います。

　書店には毎日平均250冊の本が新しく誕生しています。年間にすると膨大な新刊点数ですね。書店で出会った本が「ご縁」の本です。本はエネルギーと紹介しました。書店でみなさんが本を「読んだ」のではありません。本が、みなさんに「私を読んでください」と「呼んだ」のです。

先生のダジャレ、いや名言、また出ましたね。でも、そんな膨大な書籍の量から、どんな本を読んだらよいのか、わかりません。

　大学生のうちに、読んでおいた方がよい本、先生のオススメ本がありましたら、ぜひ教えてください。

いまでは、同郷の広島出身で、元営業マンつながりで同世代の青山学院大学箱根駅伝監督の原晋氏の著書はすべて読んでいます。このように自分と接点や共通点のある著者や

作家を追いかけて読んでいくということもきっかけの1つになりますね。

このように、読書が苦手な人は、いきなり本から入るのではなく、興味のある人物から入っていくことをオススメします。

 ワーク

> みなさんの興味のある人物をまず、書いてみましょう。
>
>
>
> その人は、本をこれまで書いていますか？
> インターネットやAmazonで検索してみて、著書があれば、図書館や書店などを利用してさっそく、読んでみましょう。

ではここで、大学時代にみなさんが社会人基礎力を養うために、読んでおいた方がよいBOOKベスト10を紹介しておきますね。

◆大学時代に読んでほしい
　社会人基礎力のビタミン剤になるBOOK10
① 『野心のすすめ』(林真理子・講談社現代新書)
② 『秋元康の仕事学』(秋元康・NHK出版)
③ 『決めた未来しか実現しない』(本田健・サンマーク出版)
④ 『夢の叶え方を知っていますか』(森博嗣・朝日新書)
⑤ 『大学時代しなければならない50のこと』(中谷彰宏・PHP文庫)
⑥ 『聞く、笑う、ツナグ。』(高島彩・小学館)
⑦ 『天職』(秋元康／鈴木おさむ・朝日新書)
⑧ 『夢は逃げない。逃げるのはいつも自分だ。』(高橋歩・サンクチュアリ出版)
⑨ 『小さいことにくよくよするな！』(リチャード カールソン・サンマーク出版)
⑩ 『逆境のメソッド』(原晋・祥伝社新書)

 **ワーク**

◎では、みなさんのオススメの本を5冊書いてみましょう。
　（漫画、雑誌以外で、小説や絵本、専門書などは可です）

　この中で、特に印象的な本、感銘を受けた本を2冊選んでみましょう。就職活動対策では、3、4年生は、オススメポイントの書評を書くと効果大ですが、1、2年生は、次のPOPをスケッチしてみましょう。
　POPのポイントは、「インパクト＆コンパクト」です。インパクトのあるデザインで、本の要点だけをコンパクトに書くことです。

ワーク

書店員になったつもりで、前ページで選んだあなたのオススメ書籍2冊のPOPを描いてみましょう。

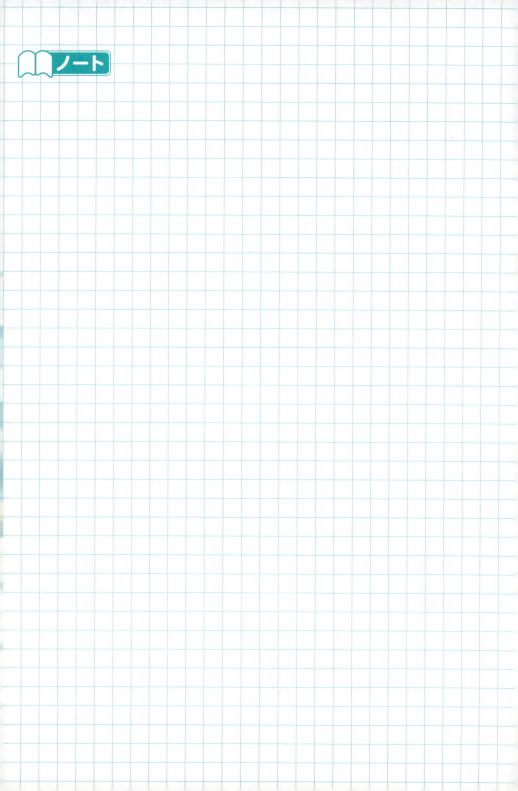

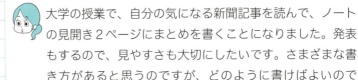

新聞記事をスクラップしてみよう

Step1 記事をノートにまとめてみよう

🧑‍🦰 大学の授業で、自分の気になる新聞記事を読んで、ノートの見開き2ページにまとめを書くことになりました。発表もするので、見やすさも大切にしたいです。さまざまな書き方があると思うのですが、どのように書けばよいのでしょうか?

🧑 確かにさまざまな書き方があり、見やすさも重視したいとなると、迷ってしまいますよね。右ページに枠組みの例を挙げますね。まずは、参考にしてみてください。

🧑‍🦰 これなら、私でもうまくまとめられそうです。私は新聞を読むことはあっても、スクラップをしたことがなかったので、難しく感じていました。

🧑‍🦰 先生、私もこの枠組みを見て、まとめることはそう難しいことではないと感じました。枠組みを決めることがいちばん大切なのでしょうか?

🧑 枠組み、レイアウトをつくることから始めることで、大まかにこれを書こうと決めることができ、まとめやすいと思います。

　右のように、記事の要約、自分のコメント、他の人からのコメントなど、あらかじめ書くことを決めておくことで、1つのことに執着せずに、さまざまなことが書けるのだと思いますよ。

枠組みの例

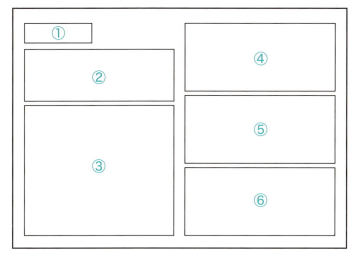

【内容】
① 学籍番号・名前
② 自分が考えたタイトル
③ 新聞記事
④ 記事の要約
⑤ 自分のコメント
⑥ 自分以外の人からのコメント・関連記事など

加えて、枠組みの工夫点をさきほどの例を見ながら確認をしておきましょう。

　左半分にタイトルや新聞記事を貼りつけていて視覚的に見やすいですよね。一方、右半分には記事を読んでの要約、感想、関連のある内容などを文章で書くことによって、とても見やすい構成になります。

　このように視覚的にわかるようにする部分と、文章にして内容をわかりやすくする部分と、明確に分けることで、よりよい見栄えとなるでしょう。

しっかりと構成を練ることで、見やすさも格段にアップするのですね！　自分だけのノートにもまとめてみようかな。

そうですね。自分だけのノートでしたら、自分にとってわかりやすいオリジナルのマーク、イラスト、図などを取り入れるのはどうでしょうか。

　スクラップは、自分が関心を持った新聞記事でつくりますよね。継続することで、自分がどのようなニュースに関心を持ちやすいのか、という傾向もわかり、新しい自分を発見できるでしょう。また、文章を読み取る力、自分の考えをまとめる力もついていきます。

　継続するということは難しいものだと思ってしまいがちですが、波に乗ってしまえば大丈夫です！　初めは、スクラップまではせず、気になった見出しをノートに書くだけでもよいかもしれません。慣れてきたら、新聞を切り抜いて貼り、アンダーラインを引いてみたり。まずは始めてみて、続かなかったら、自分はどのような方法であれば続けることができるのかを考えてみましょう。

　その考えるという過程だけでも、大変勉強になります。

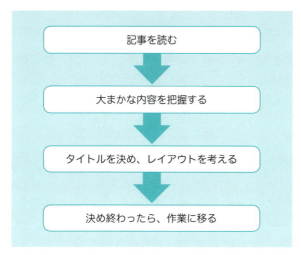

◎ 利点
・自分がどのようなニュースに関心を持ちやすいのか、という傾向がわかる
・文章を読み取る力や、自分の考えをまとめる力がつく

◎ 継続できるコツ
・最初は気になった見出しをノートに書くだけ
・慣れてきたら、新聞を切り取って貼り、アンダーラインを引いてみる
・自分に合う方法で、まずはやってみる

Step2 「質問力ノート」をつくる

新聞は読みっぱなしでも読まないよりずっとよいのですが、記事を読んで何らかの疑問を持ったときは、その問いを記録しておくと、より深い読み方ができます。
　私は新聞を初めて読む大学生たちには「質問力ノート」をつくってもらいます。

「質問力ノート」とは何ですか？

大学ノートを1冊用意しましょう。自分が疑問を持った記事を切り抜いて、左ページに貼っていくのです。そして右ページには自分の疑問点や質問を書いておきます。やり方はさきほどのスクラップブックをつくるのと同じです。
　このノートの目的は「質問力」を鍛えることですから、記事にツッコミを入れながら、どんな質問を思いつけるか考えながら読みます。そうやって当事者として記事にかかわっていくことが大事です。

私はいざというときに、質問が思いつきません。大学の授業で「最後に質問はありますか？」と訊かれても、質問を考えることができず、自信を持って手を挙げることができないんです。新聞を使った訓練が、活きてくるのですね！

そうです。あみさんのように思っている学生さんは少なくないでしょう。まずは、質問を考える習慣をつけましょう。いろいろなところにツッコミを入れることを私は「ツッコミュニケーション」と呼んでいます。質問力はツッコミであり、コミュニケーション強化につながります。スマートフォンだけでなく、アナログ力をアップさせましょう。
　さきほどの新聞記事をボードに貼って、いろいろな説明

をするテレビ番組では、アナウンサーがコメンテーターに質問するのですが、そこでどんな質問をするのかで、視聴者の理解や関心も変わっていきます。

テレビではとんちんかんな質問ができないので、あらかじめ台本の中で質問が決められています。そうやって的確な質問のやりとりをしながら、理解を深められる番組構成になっています。

私はテレビ朝日「報道ステーション」を毎日見ていますが、富川悠太キャスターや小川彩佳キャスターのスタジオゲスト出演者への質問力は的確で勉強になります。

質問の内容によって、その人自身がどれだけ話を理解しているかもわかってしまうということですね。

そうですね。相手に「話を理解していないな」と思われないためにも、富川キャスターや小川キャスターが目の前にいたら、何を訊こうかという姿勢で、常に質問を考えながら読んでいくとベターですね。

マスコミ、ジャーナリストに興味がある方は、新聞だけでなく、左ページに「ニュース番組日記」を書いて、その右ページにさきほどの「質問力ノート」をプラスしてもよいと思います。

生放送を見ながら、見て聴いて、考えて、書くなどの作業は脳内をフル回転させるので、アナウンサーやサービス業界志望者にもベストな学習法と言えるでしょう。

質問力ノート

・左ページには自分が疑問を持った記事、右ページには自分の疑問点や質問

・答えが出ないかもしれない質問でも書いていくことが大事

新聞の必要性・重要性

◆新聞の特徴をおさえておこう

ではここから、新聞についてさらに詳しくみなさんに知ってもらうための実践ゲスト講師をご紹介します。

尾関謙一郎
読売新聞記者を経て、退職後は明治学院大、学習院大で、マスコミ論、キャリア論などを教える。現、明治学院大特命教授、(一社)「企業広報研究ネットワーク」理事長

それでは、尾関先生、よろしくお願いします。

新聞ならではの特徴について教えてください。

TV、雑誌、インターネットと違い、新聞では毎朝ニュースの格づけがされています。つまり、世の中で必要だと思われるニュースが一面に載ります。これが、最大の特徴です。

　じっくりと読む時間がないときは、一面だけ見れば、前日の大きなニュースが理解できるようになっています。

　それから、新聞はそのページを一目見ると、見出しがいくつかあるので、何が書いてあるのかがすぐわかります。関心のあるニュースを読もうとしたときに、他のニュースも目に入ってきます（＝一覧性）。

　また、データベースでもあるため、解説やデータを振り返って見ることができます（＝記録性）。

　さきほど、ニュースの格づけがされていると説明しまし

たが、それは毎日の編集会議で行われています。記者が書いてそのまま記事になるのではなく、その記事がどれほどの価値を持つのか、編集局で検討されています。一人の記者が思いつきで記事を書いて、その記事がそのまま載るということは決してありません。

　記者が記事を書いた後、デスク（掲載するかを検討）、編成部（見出しをつけたり、整理をする）、校閲部（字や事実関係の間違いを調べて訂正する）、会議（２回）を経て、一面にふさわしいニュースが選ばれます。記者には、ニュース部門、企画部門というのがあって、ニュース部門は「政治・経済・社会・国際・運動・地方」、企画部門は「生活・科学・文化・社会保障・医学」などの専門記者がいます。新聞というと、一人の記者が政治も経済も何でも担当していると思われがちですが、じつはそうではないんですね。

　さらに、どの記事も記者が現場で見て、聴いたことがもとになっていますから、現場で実際に起きていること、現場の人たちの生の声を知ることができます（＝信頼性）。

尾関謙一郎先生から学ぶ！　新聞の特徴

ニュースの格づけ
　世の中で必要だと思われるニュースが一面に載る

一覧性
　見出しがあることによって、ページを一目見るだけで何が書いてあるかがすぐわかる

記録性
　データベースで振り返って見ることができる

信頼性
　その記事がどれほどの価値を持つのか編集局で検討される
　現場で実際に起きていること、現場の人たちの生の声を知ることができる

◆ニュースの格づけ

ニュースを格づけされているとのことでしたが、一面について、また他の面についても詳しく知りたくなりました。

関心を持っていただけて嬉しいですね。
　一面は、さきほども説明しましたように、前の日の重要なニュースが記事になっています。一面に４つの記事、続いて二面にも４つの記事が続いています。一面から二面にかけて、記事、見出しの大きさによって重要かどうかがわかります。
　そして、その後に、政治面・経済面・国際面・社会面・スポーツ面などに分かれていきます。そのため、一面と二面は、政治、経済、社会……など、あらゆるジャンルの中から重要なニュースが載ります。この後、各面について紹介しましょう。

○政治面

「政治面」から紹介します。政治のニュースは一面に登場する機会が多いですね。国内政治だけでなく、日米、日露などの外交関係を扱っています。ちなみに、政治部は地方にはなく、全国紙（東京）にしかありません。

東京に政治が集中しているんですね！

○国際面

「国際面」を扱う国際部は、国内では取材せず、海外に駐在し取材をしていて、日本外交以外の国際問題を扱っています。紛争、災害、事件事故、国連、外交問題（米中、米露など）についてです。記者はアメリカ、中国、ヨーロッパに集中しています。

海外に駐在されている記者の方々が書いた記事が、日本に送られる、ということでしょうか？

そういうことですね！

○経済面

「経済面」は、経済政策、景気、企業動向、国際経済などを扱っています。消費についても生活者の立場でウォッチしています。

○社会面

「社会面」は、事件事故、司法、教育、労働、などを扱っています。社会のあらゆる出来事が対象です。

○ストレートニュース

記事に書かれている内容は、前の日に起こったニュースのみであるため、その前に書かれた内容が振り返られることがありません。そのため、継続して読まないと、流れがつかめないことがあります。

　したがって、「社説」や「解説面」などが便利です。

○フィーチャー（企画部門）

いわゆる「生ニュース」ではない部門があります。新聞では、中のほうにある記事です。「生活部・文化部・医療部・社会保障部・科学部・教育部」があります。

> 生活部：暮らし、環境問題など
> 文化部：映画、絵画、歴史、文学賞、囲碁、将棋など
> 医療部：病気、病院、医師など
> 社会保障面部：高齢化社会の問題、年金など
> 科学面：宇宙、ロケット、原発など
> 教育面：いじめ、学校など

○論説・解説

「論説」「解説」は、いままで説明した内容よりも、さらに専門的な内容を扱っています。

「論説」は新聞社の意見を書いたものです。論説委員の中でも、社会、政治などの担当が決まっていて、毎日論説委員会を開いています。

「解説」でも、解説専門の編集委員がつくっています。新聞というと広く、浅いというイメージを持たれやすいようですが、じつはこのように、とても専門性が高いのです。論説委員会、解説部、世論調査部、英字新聞部、写真部、航空部、編集委員があります。

「航空部」とは何でしょうか？

ヘリコプターや小型飛行機が用意されています。震災の取材など、緊急の場合に使われます。

○編成部

取材部の他に、「編成部」があります。レイアウトや見出しを担当しています。新聞は信頼性が大切ですから、この「編成部」は大変重要な存在ですね。『最後の記者、最初の読者』と呼ばれています。

これとは別に、校閲記者という方たちもいます。記事の事実関係や誤字脱字のチェックをします。

◆新聞とインターネットニュースの相違点

私から見ると、学生の新聞離れが見受けられます。
あみさんの周りはどうでしょうか。

確かに、新聞を読んでいる学生は少ないです。ニュースを

確認する手段としては、インターネットを利用している学生のほうが多いかもしれません。

あみさんも実感されるほどなんですね。少しでも多くの学生のみなさんに新聞を読んでもらいたいものですね。

現代は、インターネットですぐにニュースを検索できる時代です。しかし、この「検索」は、自分の手でするものです。自分が興味を持ったものしか、深く知ることができません。

一方で、新聞は「ニュースのデパート」です！　自分で検索をしなくても、何が起こっているのかを見て・知ることができます。過去→現在→未来と見とおすこともでき、事実の背景も解説を読めば詳しくわかります。また、一面的な意見でなく、360度、さまざまな意見を見渡すことができます。

他にもあります。インターネットのニュースは、新聞のように見出しの大きさなどで各ニュースの重要性を判断できるようになっていないため、どのニュースが重要かがわからず、どうしても芸能ニュースばかりが目に入ってきてしまい、表に出てしまう傾向があります。

また、さきほど説明しましたように、新聞では毎日会議を通して記事をつくりますが、インターネットでは、個人で掲載している場合があるので、信頼性に欠けます。

尾関謙一郎先生から教わる新聞の魅力

- 新聞は、ニュースのデパート
- 自分で検索をしなくても、現在何が起こっているのかを見ることができる
- 過去、現在、未来と見とおすことができる
- 事実の背景も解説を読めば詳しくわかる
- 一面的な意見でなく、さまざまな意見を見渡すことができる
- 見出しの大きさで、各ニュースの重要度がわかる

◆ 新聞を読む習慣をつけるには

新聞を読もうと思っても、なかなか続きません。どうすれば習慣化できますか？

まずは「読もうとしないこと」です！　すべて読まなきゃいけないと思ってしまうと、かえって気持ちが重くなり、続かないことが多いです。

　まずは、見出しを見ていくだけでもよいでしょう。見出しを見ている間に、昨日世の中でこんなことが起こったのか、こんな大きなニュースがあったのかと関心が持てるようになってきます。また、さきほど説明したように、どこを優先的に読めばよいかは、見出しの大きさでわかります。忙しい朝は、大きな見出しを見るだけでもよいのです。

　もし余裕があるときは、気になる見出しの中の1つだけを読んでみてもよいでしょう。

　新聞は、すべて読んだら2時間以上かかります。だいたい新書1冊分の原稿量ですからね。毎日の習慣にしたければ、もっと気軽に開いてみるとよいでしょう。5−1節で説明した、読書の話にもつながってきますね！

読書で乱読をオススメされたように、新聞も読もうとしないことが大切なんですね。本も新聞も「読む」ことは共通していて、気持ちの持ち方も同じようにすればよいのですね。3、4年生になると就職活動の準備・対策もあるので、さっそく、これから新聞に慣れていきたいと思います。

◆ 新聞を読むことで「社会人基礎力」を身につけよう

大学はみなさんが社会に出て自立していくための「社会人基礎力」を身につけるために存在しています。

「社会人基礎力」とは何でしょうか？

自分の身の周りのことをよく理解し、それが常識的な感覚となっていることを意味しています。世の中のことをある程度知っていても、それが感覚にまでなっていなければ、非常識な行動を取ってしまいますね。ときどきルール違反をする人がいるのは、「社会人基礎力」がないからなんですね。

「社会人基礎力」とは社会についてよく知っている、ということが基本になります。「社会人基礎力」は大人としての常識力、行動規範になります。

そこで登場するのが「新聞」です。政治、外交、経済、事件、家庭、健康、環境など社会で起きているありとあらゆることが反映されています。

新聞を読み慣れている人は、社会についてよく知っていて社会人としての考えができる、ということになります。

「社会人基礎力」を身につけるためには、「新聞を読むこと」が必要なんですね。

そのとおり。しかも大学生のうちから読むことですね。

アメリカではオバマ大統領からトランプ大統領に政権が代わり、目まぐるしく変化していますね。新聞を読み慣れていると、そういう国際情勢も身近なことに感じられます。あるいは、東京都知事が小池百合子氏になり、関連する記事を読めば、「2020年東京オリンピックまでの課題は解決するの？」と考えます。「新聞を読むこと」は「時代を読むこと」です。つまり、「新聞を読まないこと」は「時代遅れ・手遅れ」になってしまいます。

「社会人基礎力」がないと、どうなってしまうのでしょうか？

「社会人基礎力」がない人は、国内外で重大な事件が起きても、自分とは無関係だと思っています。

　無関心でいることは結局、相手や社会から無知だと思われ、時代の流れに取り残され、自分の身を危うくしてしまいます。ですから世の中や社会で起きていることを身近な自分の生活に落とし込んでいくことが大切です。

身近な自分の生活に落とし込むには、どうすればよいのですか？

読書には多くのメリットがあり、読んでいるときは盛り上がりますが、長年経つと忘れてしまいます。身近に落とし込む考えを鍛えるには新聞がベストです。スポーツ選手の練習ですね。

　たとえば野球選手は1週間ぐらい休むと、すっかり感覚を失ってしまい、勘を取り戻すのにかなり時間がかかるといいます。それは新聞に読みなれるのも同じことで、新聞を毎日読み、社会的な感覚や考え方を磨いていくことが大切です。新聞には毎日違ったことが書かれているようですが、じつは重なっている部分もあります。

　「昨日はこう書いてあったけれど、今日はこうなった」ということがあって、1つの出来事についてどんどん新しい情報が入ってきます。それを追っていくと、まるで油絵の塗り重ねのように、社会常識が蓄積されていきます。

社会人基礎力

自分の身の周りのことがよくわかって、
それが常識的な感覚にまでなっていること

新聞を読むこと＝時代を読むこと

恐ろしいことに「社会人基礎力」があるかどうかは、話していると、すぐにばれてしまいます。作文提出、授業のプレゼン、グループワーク、就職活動の面接や雑談など、何気なく話題がそちらの方向に行ったとき、何も話せないと軽く見られてしまい、自分が損をします。それがいちばん出てしまうのが4年次の就職活動です。

私たち大学1、2年生は、いますぐにでも新聞の必要性・重要性を理解して、就職活動にも備えないといけませんね。

そうですね。3年生の後半から準備をスタートし、4年生の前期には内定していきます。就職活動の面接では、当然、社会、国際、経済に関する質問もされることがあります。

　社会のニュースについてアンテナを張っていないと「この人は世の中について無関心なのにわが社を志望したのか？」と疑問に思われてしまいます。面接では、逆に質問されるケースもあります。「面接官に向かって質問してください」と言われて、何の質問も思いつかなければ、日頃からきちんと新聞を読んでいないことがすぐにわかってしまいます。このように、相手に合わせて会話を進めることが「社会人基礎力」ですね。

日頃、どれほど努力をしているのか、大人の面接官にも伝わるのですね。

はい、そうです。「社会人基礎力」をつけるのは、何も就職活動のためだけではありません。外側にある世界を広く知ると、好奇心の扉が開かれます。「井の中の蛙、大海を知らず」ではもったいないのです。

　単なる人材ではなく、いまの教室からキャンパス、そして日本、そして世界へ飛び出していく「人財」になるため

には、グローバルな視点が必要になってきます。

　みなさんはダイヤモンドの原石です。新聞を読みながら、読解力を深め、言葉を磨き、自己研鑽して輝いていきましょう。

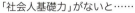

「社会人基礎力」がないと……

給料さえもらえれば社会経済がどうなろうと構わない。政治・外交問題にも関心がないな。

大勢が社会に対して無関係になれば、
判断力のない人たちばかりになって社会は衰退していく。

世の中で起きていることを
身近な自分の生活に落とし込んでいく

新しい情報をどんどん追っていくと
油絵の塗り重ねのように社会常識が蓄積されていく！

ノート

第6章
【伝える】

6-1 大学生に必要なアクティブ・ラーニングとは

◆「知る・聴く・書く・話す・読む」 ＝「伝える」こと

これまで、知る・聴く・書く・話す・読む……とコミュニケーションの基本を勉強してきましたが、この5つすべてに共通するのが「伝える」ことになります。最後にまとめとして、「伝える」ことについて整理していきましょう。

大学では、「自分を知ること」はつまり、「自分の好きなこと」を知ることです。それは友人の話や先生の授業を聴くことから始まり、気づいたらそれをノートやメモ、日記を書いていくことです。

「かたち」から入って自分をブランド化するのではなく、日々の授業や部活動、アルバイトなど周りの「縁」を大切に刺激し合ったり、ときには読書から発見があったり、セレンディピティや化学反応があり、いろいろな出会いやコミュニケーションを通じて、「ブレンド化」していきます。偶然から必然に変わっていくのです。

そして、与えられたSTUDYやイヤイヤなMUSTではなく、自分からLEARNをして、好きなことやりたいことのWANTを書いていき、また友人や先生に話す、そして友人の話も聴く、ということが重要です。これは大学4年生の就職活動のエントリーシートや面接試験はもちろん、社会人になったときに仕事や目標、人生の生きがいにもつながることですので、自分と対話、他人と対話しながら、アナログコミュニケーションで理論より実践で身につけていきましょう。

◆アクティブ・ラーニングとは、
　「自分で考える」(INPUT)
　　＝「相手に伝える」(OUTPUT)

1990年頃から大学受験やビジネスフィールドにおいても、「問題解決能力」という言葉が広く使用されるようになりました。大学でも最近、アクティブ・ラーニングやPBLと呼ばれるようになり、キャリア教育・キャリアデザインや教養科目、コミュニケーションの授業でもシラバスに記載されるようになりました。

　つまり、これまでの一方通行の「座学の人材」ではなく、双方向のコミュニケーションができ、自ら進んで問題を発見できる「視座を持った人財」が求められるようになってきました。

　ふとした気づきや「なぜだろう？」という些細な疑問や大きな問題まで書いたり、話したり、聴いたりしてそして問題解決をしていくのです。

◆半径5メートル以内の「？」を「！」に変えた
　オリジナルPBL型授業・産学連携型授業とは？

私自身も大学キャンパスの「なぜだろう？」を言語化し、それらを授業を通じて、学生とコミュニケーションや議論する時間をもうけています。そしてできれば実際にかたちにして、問題解決の方向へ持っていきます。アクティブ・ラーニングやPBL型授業のみならず、「産学連携」型ワークとして学外の企業、メーカーに持ちより、コラボレーションしながら、「無」から「有」の成果物をあげることで、コミュニケーションの楽しさ・醍醐味や達成感を学生は体感できるのです。

　実際の例を紹介してみましょう。

Aさんの例：大学の授業はなぜ高校時代よりつまらないと思われているのだろう？ ⇒ 高校の45分から大学の90分になり、先生が一方的に話しているから ⇒ サッカーのように前半後半と分け、前半先生、後半学生の議論・発表の場にする ⇒ 問題解決！

B君の例：自分の大学の学食メニューをもっと一般の人にも知ってもらいたい ⇒ 代表メニューを商品化したらどうか？ ⇒ メーカーに企画書を提出する ⇒ 学食カレーシリーズを商品化。大学、ファミマ・ドット・コムと提携し、「青学カレー」など実現。「共立女子大学カレー」は食物栄養学科の学生と連携し商品化。大学購買部でも発売した。

Cさんの例：なぜ、自分たちの大学に校歌がないの？ ⇒ みんなで作詞・作曲し、CD化したらどうか？ ⇒ 某女子大学でオリジナル大学ソングを制作、プロの音楽家にも協力してもらう。学生がレコーディングに参加し、実現した。

D君の例：大学生が読みたい本があまりない ⇒ 大学生目線で会いたい人に訊きたいことを訊いたインタビュー本を出版したい ⇒ 大学生16名が会いたい16名を挙げ、自分たちでアポイントメントを取り、企画書をプレゼンし、交渉、取材、執筆した書籍を出版した。

……など「？」を「！」に、「無」から「有」に変えることでアイデア、プロセス、成果とチームワークとしてのコミュニケーションが得られるのです。
　みなさんの大学内半径5メートル以内の「？」を挙げ、どうすれば「！」になるかも書いてみましょう。

「3つの眼」を養い、世界に1つだけの「自分の未来日記」を伝えよう

◆大学では「鳥の眼、虫の眼、魚の眼」の 3つの眼を養う

ところで、みなさん、大学生の中で長年読まれている書籍が、200万部を突破した『思考の整理学』（外山滋比古著）であるのをご存知でしょうか？

私の大学の生協ランキングでも毎年1位になっています。

書店で見つけて立ち読みしました。

確かに自分で考える習慣をつけ、いまの自分を肯定して考えることの醍醐味を再発見させてくれる書籍です。大学で学ばなければならないのは、知識だけでなく、知恵、知性も必要です。本書の4ページでも述べたSTUDYではなく、LEARNです。

　読むといえば、伝説の灘高校教師、橋本武先生の『〈銀の匙〉の国語授業』も素晴らしい。私の大学の教え子にも推薦図書として授業で紹介していますが、3年間かけて『銀の匙』をじっくり読み込むという驚くべき授業を続けてきた橋本先生の実践的授業。「国語はすべての教科の基本であり、学ぶ力の背骨」だと先生は述べ、その行間を読む、脱線こそLEARNである、ということを教えてくれます。『銀の匙』は夏目漱石が美しい日本語だと褒めています。

　ところで、鳥の眼、虫の眼、魚の眼を持つこととはどういうことでしょうか？

鳥は空高く飛んでいますから、全体を見渡すということですか？

はい。そうですね。鳥は高いところから、獲物を見つけるために飛んでいるため、高いところから全体像を把握する目にたとえられます。大所高所から広い視野でもって物事全体を見つめていくことによって、マクロすなわち大局を把握する目と言えます。

　また、鳥の眼とは、俯瞰力です。勉強や読書であれば「目次」を見ます。建築であれば「設計書」を見ます。仕事やスポーツであれば「目的」や「段階」などを知ります。難しく思えることも、全体の大まかな成り立ちや仕組みがわかると、取り組みやすくなりますね。

先生、鳥の眼はわかりましたが、「虫の眼」はどういう意味ですか？

「虫の眼」は、複眼です。つまり「近づいて」さまざまな角度から物事を見るということです。

　現場において、さまざまな課題に対して要因分析ができる目、部分を見るミクロの目が重要です。目の前の解決すべきテーマや直面している課題について、相手や周囲と関係にも気を配りながら、判断や行動をすることです。

あ、先生の目の前で明日締め切りのレポート課題を思い出しました。今日帰ってやりますね。

最後に、「魚の眼」ですが、勉強やスポーツ、仕事や人生にも流れがありますね。勉強ですと、たとえば、歴史の勉強も流れを理解すれば、覚えやすく忘れにくくなります。

　潮の流れや干潮満潮という「流れ」を見失うなという意

味ですが、マクロとミクロの目を持っていても、時代の変化・潮流を感じ取れないと方向性を間違ってしまう。魚の目は、流れを見るトレンドの目になりますので、常に半歩先を見る習慣を身につけましょう。時代の流れが早い現代において変化やスピードに強い人、多様性が求められます。

では、「伝える練習トレーニング」として、いまの自分に合わせて、3つの眼を具体的に書いてみましょう。

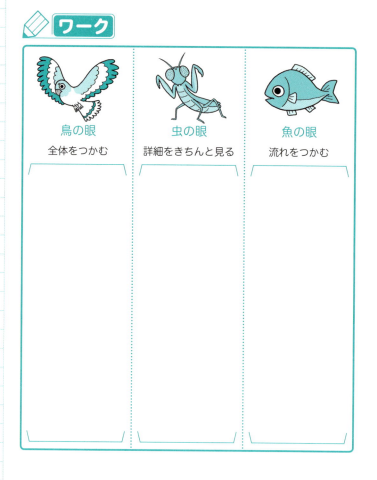

◆自分の「過去→現在→未来」をイメージしながら相手に伝える

さきほどの3つの眼を書いた後に、「なぜなのか？」を自分で考えてみましょう。

　大学受験勉強の国語と異なり、大学でのコミュニケーション学は、この「なぜ」がいちばん大切であると思います。

・自分の名前の由来を親に訊いてみよう。そして考えてみよう。
・自分の通っている大学の創設者の理念は？
・好きな科目と嫌いな科目は？　その理由は？
・今年、来年チャレンジしてみたいことは？
・これから取得してみたい資格は？
・ドラえもんの四次元ポケットがあったら何をしたい？
・出会ってみたいヒーロー、ヒロインは？　そのとき何を話したい？

……など自分を軸にしてツッコミを入れる質問をしてみて考えるのです。これを私は、「ツッコミュニケーション」と呼んでいます。これらの質問は大学1、2年生だけでなく、3、4年生の就職活動のときにも有効なアクティブ・ラーニングです。

　人生の主役は自分です。人生の航海の船長は自分ですので、舵をとって進んでいくのです。ボーッとしているとあっという間の4年で終わってしまいます。航海はしても後悔はしてはいけません。大学生には、「後悔しない航海を楽しもう」と授業でアドバイスしています。

　そのためには、周りに目を向け、自分で考え、そして目標を持つことですね。航海もゴールがあるからそれに向かって進むのです。

　高校球児の目標は、甲子園球場に行くこと、そして優勝すること。正月の風物詩、箱根駅伝のゴールは、往路は箱根で復路

は読売新聞本社前です。

　関連書籍として、これも学生の推薦図書の1冊になりますが、本田健氏の『決めた未来しか実現しない』があります。

　友だちと待ち合わせ場所と時間を決めないと会うことができませんね。同様に、「未来の1点」に願いが叶うドラマがある、と本田さんは説いています。DREAMS COME TRUEの曲に「未来予想図Ⅱ」がありますが、未来の予想図を決めないことには、ゴールに到達することができません。決めることでたくさんのドラマや出会いがあり、そして目標や夢が実現していくのです。

過去をもとに、現在の気持ちをありのままに書いて、そして5年後、10年後、15年後のあなたの「未来予想図」を描いてみましょう。では、みなさんの目標、夢は何でしょうか？

私は、今年は英会話の実践レッスンを重ねて、TOEIC 750点を目指します。そして来年は留学をして、将来は英会話講師か、航空会社に就職することが目標です。

私は、薬学の研究論文を書き、薬剤師の国家試験に合格することです。

僕は、好きな美術をさらに極めるため、大学院に進学したいと思います。その後はまだ白紙ですが、将来個展を開いたり、美術出版社に勤務して、絵画の素晴らしさを読者に伝える仕事にも興味がありますね。

僕はまだみんなみたいにしっかりとした目標がなくて、とりあえず、大学の勉強とアルバイトを頑張って、就職して幸せな家庭を……。

前向きな言葉を使って、ワクワクスイッチをONにしてみましょう。向き不向きより前向きあるのみ！です。今回学んだ「自分で考えて相手に伝える」トレーニングをくり返すことで前向きになれますし、書いた後に人に伝えることでモノクロの漠然とした夢が、しっかりしたカラーの正夢に変わっていきます。人の目標を読んだり、聴くだけでもモチベーションが上がることもありますので、ハイペースではなく、マイペースで日々の大学生活を通じて、ときどき考えてみましょう。

> みなさんの目標、未来日記を描いてみましょう（文章、イラスト、写真も可です）。それを3分間でプレゼンしてみましょう。

6-3 大学生のうちに「自分史上最高の自信」をつけるための3レシピ

◆グローバル化時代に必要な
　大学のリベラル・アーツ教育

　グローバル化が進む今日、大学教育では特に「自分を語る技」を身につけなければなりません。異なる文化背景の人々を前にしたときに、自分の思いを伝え、相手にわかってもらうためには、「言葉」で表現するしかありません。芸術家であれば絵画や芸術、アーティストであれば音楽やモデルなどの手段でパフォーマンスで伝えることもできますが、一般的には「言葉」しかないのです。

　そのためには、自分の考えをしっかり持ち、「個」を確立させる努力が必要になります。自分のオリジナリティ、アイデンティティをはっきりさせることで、自分の考えや概念を相手に伝えることができるのです。

　思考力、判断力、対話力を鍛えるヒントは、リベラル・アーツ教育にあると思います。大学では、最近教養教育、一般教育などと扱われていますが、さまざまな学問の基礎基本、背骨となるようなものの見方や考え方を習得することを目指しています。

　専門教育においてプロフェッショナルを育てることに対してより普遍的な価値観や問題点を探究し、その理解を深めていくベーシックな教育の位置づけにあります。

◆大学生に必要な「やり抜く力」＝ GRIT とは

　これからは、リベラル・アーツ教育は必要不可欠であると思います。就職活動のエントリーシートや面接といったテクニック・ノウハウだけの人材の見方ではなく、自己理解、傾聴力、

書く力、プレゼンテーション能力、質問力、読解力といった「教科書には載っていない」「学校では教えてくれない」ことや臨機応変といった状況判断ができる人材育成が必要となってきます。

　本書で述べた、笑顔や思いやり、おもてなし、アサーション、恕、忖度などは、理論ではなく、実践で蓄積していくしか習得の方法はありません。リベラル・アーツ教育を通じて、

　　本質を見抜く力（洞察力）
　　考える力（思考力）
　　選び抜く力（批判力）
　　伝える力（対話力）

を形成していくのです。
　また、人材が人財になるために、最終的に必要なことは、「やり抜く力」＝GRIT、だと思います。
　途中で投げ出さないこと、あきらめないこと、粘る力が問われます。勉強や資格試験、スポーツや部活動、アルバイト、ボランティア、就職活動など、自分の目標を掲げてスタートしても、途中で挫折しない、失敗を糧にしていく技術はその人の「肚（はら）」や「肝」で決まっていきます。
　120ページでも紹介した著書、『夢は逃げない。逃げるのはいつも自分だ。』というキーワードと関連しますが、「肚を据えて」「肝がすわっているかどうか」が、やり抜く力＝GRITなのです。
　紆余曲折して、途中リタイアしたいとき、あと半歩先のところに、「果実」＝達成感、満足感、やり甲斐が待っているのです。

◆大学時代に「あいうえおの種」を撒いておこう

最後に私がいつも大学の講義の最後に学生にアドバイスをする内容をお伝えします。

それは、人生に必要な「あいうえおの種撒き」です。

あ・・・愛
い・・・命
う・・・運
え・・・縁
お・・・恩

の５つです。キャンパスライフは、その後のライフに大きく影響します。私は大学時代にも日記を毎日書いていたせいもあって、当時の大学生活の愛情や命の大切さ、幸運の素晴らしさ、人とのご縁や恩返しなど、多くのキャンパスメモリーを鮮明に記憶しています。

　大学は、学ぶところですが、人生についての教訓を得る場所でもあります。両親の愛からもらった命を大切にし、親孝行をしていくために、恩師や先輩、仲間や恋人との縁を大切にして全力を尽くしていきます。それが周りや相手への恩返しにもなり、幸運の女神も味方し、成功や幸福の扉が開いていきます。大学時代の喜怒哀楽の経験が、社会人になってボディーブローのように効いてきます。だから……

大学時代、後悔しない航海をしていこう。

 **ワーク**

「あいうえおの種撒き」のうち、あなたが興味を持ったものを2つ以上選んで、あなたがこれからの大学生活や社会人で具体的にどんな花を咲かせたいか、今後の予定や未来の目標の情景シーンをスケッチしてみましょう（文章や図解、イラストでも可です）。

あ

い

う

え

お

ぜひ最後まで「やり抜く力」を大切にして初志貫徹していきましょう。ここに描いた目標が、やがて実となり、花になって満開になることを祈念しています。

◎ 付録

レッツトライ!!
就職活動での敬語・面接・コミュニケーション術

1. なぜ、敬語が必要なのか

敬語とは、言葉づかいのテクニックのみを意味するものではありません。
　敬語の「敬」は、尊敬の敬であり、相手を敬うという意味を包含します。つまり敬語とは、人の口から発せられる言葉であるとともに、相手に対する感謝・尊敬といった「気持ち」を含むものなのです。
　就職活動では、企業のトップから、人事や若手社員、同世代の就活生など、年齢を問わず多くの初対面の人と接する機会があります。とくに社会人は、日々敬語が飛び交う中で仕事をしているため、就活生という立場で彼ら彼女らとコミュニケーションを取るときに、敬語というツールを使いこなすことができれば、相手に対してよりよい印象を与えることができます。
　とは言え、どんなに言葉づかいが巧みであっても、そこに心がこもっていなければ無意味です。言葉づかいが完璧でなくても、相手を敬う心を持って接することはできます。かたちのみにとらわれるのではなく、心の持ち様を意識することが肝要です。
　心・かたちがともに入った敬語を使いこなせるようになるためには、実践の場で慣れることがいちばんの近道です。まずは、日々顔を合わせる大

学の教授、就職課の職員と接するときに、敬語を意識して用いてみましょう。また、身の周りに敬語上手な人がいれば、その人をよく観察し、言い回しや態度を自分のものにするのもよいでしょう。

　言葉づかいと相手を敬う気持ちの両方が満たされてこそ、本当の意味で「敬語を使いこなしている」と言えるのです。

2. 面接では「聞き上手」になろう

「面接対策」と聞くと、「話すスキル」の重要性に目が行きがちですが、相手の話を「聞くスキル」も、話すこと以上に重要です。

　「自分は話下手なので、面接でうまく話せるかどうか不安」という学生をよく目にしますが、私は「まずは聴き上手になれ」とアドバイスします。

　面接とは、就活生と面接官との間で展開される、会話のキャッチボールです。こちらが話したいことだけを話すのではなく、相手の質問を注意深く聴き、それに対して的確に答え、さらにプラスαの返答ができれば、あなたは面接の達人と言えます。

　まず、相手としっかりアイコンタクトを取り、相手の話や質問に全神経を集中させて聴くことが重要です。自分の目線を意識して相手に向けることで、姿勢がよくなり、話に対する相づちも自然と出るようになるので、まさに一石二鳥です。

　相手の話に集中し、頭をフル回転させて対応していくことができれば、問いと答えの無駄な「間」をなくすことができます。相手の投げかけた問いには、3秒以内に答えましょう。質問の意味が理解できなかったり、考える時間がほしいと思ったりしたときには、「もう一度お願いします」「10秒考える時間をください」などの言葉をはさみ、沈黙の時間をつくらないように心がけましょう。

3. グループ面接・ディスカッション

ここ数年の新卒採用プロセスでは、グループ面接やディスカッションが入ってくることが多くなっています。

　企業のこうした姿勢には、2つの理由が考えられます。1つに、エントリーした学生全員を個人面接する時間的余裕がない場合がある点、2つに、

会社での業務は、多くの場合複数の人間のチームワークによって成り立つことが普通なので、チームという場への適性を判断基準としている点が挙げられます。
　ここでポイントになるのは、「空気を読む」力、つまり置かれた状況を認識・判断して、その場に応じた最適な行動を取ることです。ディスカッションの展開に合わせて、話すことだけでなく、意見を聴くこと、考えること、いろいろな役割をこなしていく必要があります。
　ディスカッションが始まる前に、一緒に取り組むメンバーと言葉を交わすなどして、ある程度打ち解けた環境をつくるとよいでしょう。そして開始後は、自分がこの中ではどんな役割を果たせそうかを素早く察知し、何ができるか考え、行動するようにしましょう。司会、タイムキーパーなど、役割を決めることが普通ですが、「いつでも司会をやる」のではなく、柔軟に挑戦してみるとよいでしょう。司会をやらなければ内定しないということはあり得ないので、役割にこだわりすぎず、自分の素を出して主体的に参加しましょう。
　ディスカッション中の態度も、人事は観察しています。話に熱中することは大変結構ですが、腕や足を組む等の行為や不用意なタメ口には十分注意です。

4. 本番でプレッシャーに勝つ方法

　就活の面接は、見方によれば今後の人生の方向性を決定づけるものでもあるため、プレッシャーがかかり、緊張してしまうのも当然です。とくに最終面接ともなればなおさらです。
　プレッシャーを克服し、自分に打ち勝って結果を出すには、ポジティブなイメージを描く努力をすることです。たとえば、その会社で自分が生き生きと働き、大活躍する姿をイメージしたり、周囲の仲間から自分のことを褒めるメッセージを集めた「褒め手帳」をつくったりし、自分はこんなにできる、評価されているんだ！という前向きな気持ちをつくり出すことが効果的です。
　絶対にこの面接をクリアし、自分の夢や目標を実現するためのステップに立つ！という決意を持てば、自信にあふれた態度で挑めるはずです。

自分がコントロールできるのは、面接官と対している時間のみです。始まる前にどんなに不安がっても落ちるわけではないし、また終わってしまった後にどんなに悔やんでも挽回することは不可能です。限られた時間に焦点を合わせ、自分という人間を最大限に表現、アピールできるように準備して挑み、終わった後は気持ちをリセットして、次にすべきことへ集中すべきです。不完全燃焼で面接を終わるより、完全燃焼したほうが、たとえ結果が悪いものでも諦めがつくものですし、結果をばねにして、自分に合ったよりよい会社を見つけてやる！という気持ちに切り替えやすくなります。

5. 交流会のマナー

　最近、就活生と人事が食事をしながら面接をする「焼肉面接」「鍋面接」というこれまでになかったかたちの採用活動が、一部の企業で取り入れられ始めています。また、就活生と社会人を対象にした交流会なども開催されていることも相まって、変わったかたちでの面接への対応や交流会での立ち居振る舞いについて、講座内外で質問を受ける機会も多くなりました。

　企業側の狙いとしては、「就活生の素を見たい」という思いがあるので、より腹を割った話ができる食事等の機会を取り入れていることが考えられます。つまり、何度も事前に練習してきた志望理由などよりも、生のコミュニケーション能力やさりげない気配りを見られているということになります。

　就活生として、ガチガチにかたまって行く必要はなく、食事を楽しみつつというスタンスでよいのですが、サークルの飲み会とは異なるので、ある程度引き締まった気持ちで望みましょう。ただ黙々と食事をするのではなく、会話を楽しみながらというのはもちろん、タバコを吸う相手であれば灰皿をさりげなく寄せるなど、小さな気配りができると好印象です。

　立食パーティ形式の交流会であれば、テーブル間を歩いてさまざまな人と話すように心がけましょう。相手が来てくれることを待つのではなく、こちらから話しかけ、積極的にあいさつや会話を交わしてみましょう。どんな場であっても、主体的に参加する気持ちを忘れないことで、貴重な出会いやチャンスが訪れるものです。

6. 名刺交換のポイント

就職講座にゲストとして来られた方や、交流会で出会った人などと、就活生として名刺交換をする機会が増えています。この名刺交換で最も重要なことは、「交換したあとのリアクション」です。

　社会人同士の名刺交換とは、ビジネスが始まる際の最初のあいさつという意味を持ちますが、就活生と社会人との間の名刺交換は、社会人の視点からはさほど大きなウェイトを占めるものではなく、名刺交換をすることが採用に直結するわけでもありません。

　つまり、こちらから何かアクションを起こさなければ、ただ交換しただけになってしまい、せっかくのチャンスを無駄にしていることになります。具体的なアクションとしてオススメなのは、名刺を手にしたその日の夜・翌朝に、お礼や会話時の感想を短く入れたメールを送ることです。会社訪問をしたい・インターンシップをしたい等の希望があれば、書き加えるのもよいでしょう。名刺に記載されているメールアドレスがプライベートのものではなく会社用のものであることもあるため、礼儀をわきまえた文章で、負担にならない程度の文量を意識しましょう。

　返信があるかどうかは相手次第ですが、まずはこちらから礼儀を尽くすという姿勢で送信し、幸いレスポンスがあった場合には素早く対応しましょう。

　就活生は「社会人の名刺コレクター」になるのではなく、生きた人脈をつくっていくツールとして、名刺を活用してほしいと思います。

覚えておきたい敬語セレクション

	日常語	丁寧な言葉づかい
読み方を変える	わたし（私）	わたくし
	あした（明日）	みょうにち
	きのう（昨日）	さくじつ
言葉自体を変える	今日	本日
	いま	ただいま
	今度	このたび
	もうすぐ	まもなく
	すぐ	さっそく
	もう	すでに
	この間	先日
	さっき	さきほど
	ちょっと	少々
	少し	少々
	あとで	のちほど
	いい	けっこう、よろしい
	～ぐらい	～ほど
	普通の敬語	応対敬語
	ちょっと待ってください	少々お待ちくださいませ
	急いでください	お急ぎ願えませんでしょうか
	どうでしょうか	いかがでございましょうか
	知りません	存じません
	こちらから行きます	こちらからお伺いします
	聞いておきます	承っておきます
	席にいません	席を外しております
	また来ます	また参ります
	電話します	お電話差し上げます
	来てほしいんですが	おいでいただきたいのですが
	もう一度言ってください	もう一度おっしゃっていただけませんか
	何のご用でしょうか	どのようなご用件でしょうか

付録

間違いやすい敬語例

	× BAD	○ GOOD
①	お尋ねになられる	お尋ねになる
②	いつもどうも	いつもお世話になっております
③	帰ったら言っておきます	戻りましたら、申し伝えておきます
④	外出しています	外出しております
⑤	わかりました	かしこまりました
⑥	わかりません	わかりかねます
⑦	できません	いたしかねます
⑧	あります	ございます
⑨	そうです	さようでございます
⑩	ご質問がございましたら	ご質問がおありでしたら
⑪	どちらにいたしますか	どちらになさいますか
⑫	山本さんが参っています	山本さんがいらっしゃっています
⑬	社長はおられますか	社長はおいでになりますか
⑭	来てもらえませんか	ご足労願えませんでしょうか
⑮	存じ上げていると思いますが	ご存知のことと思いますが
⑯	どこかで会われましたか	どこかでお目にかかりましたでしょうか
⑰	電話を借りられますか	電話をお貸しいただけますか
⑱	お茶でいいです	お茶をいただきます
⑲	お聞かせしたいことがあります	お耳に入れたいことがあります
⑳	2時までに届けられます	2時までにお届けできます

よく使うビジネス敬語

社内で	・はい、かしこまりました ・承りました ・ご報告申し上げます ・〜へ行って参ります ・ご覧になりますか ・これでよろしいでしょうか	・お願いいたします ・申し訳ございません ・おさきに失礼いたします ・いかがでしょうか ・どのようになりましたでしょうか ・お客様がお見えになりました
お客様・取引先へ	・いらっしゃいませ ・お待ち申し上げておりました ・ご案内いたします ・お忙しいところお越しいただきありがとうございます ・失礼ですが、どちら様でいらっしゃいますか ・承知しました ・○○はすぐに参ります ・申し訳ありません ・確かに承りました ・お預かりいたします ・ご都合はいかがでしょうか ・お願いいたします ・いつ頃がよろしいでしょうか ・○○様にお目にかかりたいのですが ・○○様はいらっしゃいますか ・おっしゃるとおりでございます	
電話で	・あいにく○○は席を外しておりますが ・どのようなご用件でしょうか ・差し支えなければご用件を承りましょうか ・代わりの者ではいかがでございますか ・4時頃には終わる予定でございます ・承知いたしました。確かに申し伝えます ・失礼ですが、どちら様でいらっしゃいますか ・お電話をいただけませんでしょうか ・いまお時間よろしいでしょうか ・すぐにお電話を差し上げるように申し伝えます ・改めてお電話させていただきます ・電話があったことをお伝えください ・申し訳ありません。間違えました ・失礼いたします	

付録

気をつけたい!! 若者言葉

仲間内で使っていた若者言葉。社会人になってもつい口走ってしまわぬよう気をつけよう！

　普段の口癖は気をつけていてもつい出てしまうもの。「若者言葉」の多くはそのまま使うと相手に不快感を与えてしまいます。言葉は時代とともに変化していくものですが、「敬語」はあまり変化しません。公式の場ではきちんとした敬語を使うよう心がけましょう。

◆若者言葉の弱点！
① 感情むき出しの言葉（超・ヤバイ・マジ・ウザい など）
② 話の意味がぼやけ、何が言いたいのか伝わらない表現（とか、〜系、〜的、みたいな、〜のほう など）
③ 省略言葉は品言を落とす（キモい・なにげに・パニくる など）
④ 無意味な言葉の多用（えっと・えー・あのー・なんかー など）
⑤ 本来の意味で使われていない言葉（全然 など）
⑥ TPOに合っていない表現（逆ギレ・げきおこ など）

> 言葉を相手やシチュエーションによって使い分けましょう。

若者言葉	脱・若者言葉
ありえない	考えられない／信じられない
イタイよねー	恥ずかしいですよね／みっともないですよね
ウケる	面白い／笑える／評判である
ウザい	わずらわしい／うっとうしい
おつー	お疲れさま
キモい	気持ちがわるい
キレる	急に怒り出す／逆上する
ググる	Google検索する
グロい	グロテスク
しょぼい	冴えない／ぱっとしない
全然大丈夫	全く問題ありません
ダサい	格好わるい／田舎臭い
超	すごく
〜つーか	〜と申しますか
（疲れてる）っぽい	（疲れている）ようです
テンパる	焦る／余裕のない状態
ドタキャン	突然キャンセルする
パシリ	使い走り
ばっくれる	欠席する／辞退する／しらばくれる
はっちゃける	羽目を外してはしゃぐ
パニくる	パニックになる
びみょー	中途半端／はっきり言えない／微妙なこと
秒で	至急
ぶっちゃけ	正直なところ／じつは
ヘコむ	落ち込む／沈む／気分が優れない
マジ	本気／本当
ヤバイ	まずい
り	承知しました

付録

●気をつけたい若者言葉・会話

若者言葉	脱・若者言葉
新宿とか行きます	新宿に行きます
煙草のほうは吸います？	煙草は吸われますか？
資格をゲットしました	資格を取得いたしました
わたし的には	私といたしましては／わたくしは
パソコンとか苦手なんです	パソコンはどうも苦手です
○○してたんですよー	○○をしておりました

※「とか」は複数の事柄を並べる接続詞。
※「ほう」はつけない。
※曖昧な表現では話が伝わりにくい。はっきりとした話し方を心がけよう。

●アルバイトモードのマニュアル言葉は、NG!!

NG	OK
○○円になります	○○円でございます
○○円からお預かりします	○○円お預かりいたします。
○○でよろしかったでしょうか	○○でよろしいでしょうか

※「お預かりします」は釣銭がある場合。釣銭がない場合は「○○円ちょうど頂戴します」となる。

●その他、間違えそうな言葉

NG	OK
はい、わかりました	はい、かしこまりました
（電話対応）もしもし、株式会社○○です	はい、こちら株式会社○○です
○○課長です	課長の○○です

※会社で電話を受ける場合には「もしもし」とは言わない。
※自分の会社の人物には役職や「さん」をつけない。尊敬語や丁寧語も使わない。

季節の敬語コレクション&セレクション

月	あいさつ用語
1月	厳寒の候、寒風の候、寒さ厳しき折、初春のみぎり 厳しい寒さが続いております 寒中お見舞い申し上げます 立春の便りが心待ちされる毎日です 明けましておめでとうございます
2月	残寒の候、余寒なお厳しき折、梅香の候 立春の候、向春の候、春寒の折 立春とは名ばかりの寒さが続きます 梅のつぼみもそろそろふくらみはじめました 余寒が身にしみるこの頃でございます 春の訪れが待ち遠しい毎日です
3月	早春の候、春陽の候、日ごとに暖かくなってきました ひと雨ごとに春らしく ようやく春めいてまいりました ひな祭りもすぎ、ようやく春めいて参りました 春光うららかに花の便りも聞かれる頃となり
4月	陽春の候、春もたけなわになり、春爛漫、雪解け、 桜の季節、春風がここちよいこの頃 いよいよ春もたけなわとなって参りました 桜の花もいまを盛り
5月	新緑の候、風薫る季節、若葉が清々しく、若葉の候 風薫るさわやかな季節になりました 野も山も若葉の美しい季節が参りました

月	あいさつ用語
6月	初夏の候、梅雨の候、入梅の候、向暑のみぎり うっとうしい梅雨の季節となりました さわやかな初夏となりました
7月	盛夏の候、暑さ厳しい折、炎暑の候 暑中お見舞い申し上げます いよいよ本格的な夏をむかえ
8月	残暑の候、晩夏の候 残暑厳しい毎日が続いております 暑さもようやく峠をこえ 残暑お見舞い申し上げます（立秋を過ぎた頃） はやくも立秋をむかえ 暑さも盛りをすぎたようで
9月	初秋の候、重陽の候、彼岸の候 さわやかな初秋の季節となりました 秋風の立つさわやかな今日この頃 さわやかな秋をむかえ
10月	行楽の候、日増しに秋も深まる季節 仲秋の名月、清秋のみぎり 木々の紅葉も日ごとに深まり 秋の夜長となりました 読書の秋、食欲の秋、スポーツの秋 紅葉のシーズンを迎え野山はいまが見ごろ
11月	晩秋の候、小春日和 落ち葉舞う季節となりました 日増しに寒さの加わる今日この頃 初雪の便りが聞かれる季節となり 朝夕めっきり冷え込む今日この頃
12月	師走の候、年も押し迫り、初冬の候 心せわしい師走となりましたが 本年もいよいよ押しつまりました あわただしい歳の瀬をむかえ

付録

索引

欧数字

3つの眼　148

BOOKベスト10　120

For YOU精神　94

Google化　36
GRIT　154

INPUT／OUTPUT　145

POP　118

あ　行

あいうえおの種　155
アイコンタクト　90
相づち　18
アイデンティティ　30
あがり症　98
アクティブ・ラーニング　105、144
アクティブ・リスニング　13
アサーション　88
宛名　50、57

一覧性　130
一貫性　26
インターネットニュース　134
インタビュー　21
インパクト　26

うなぎのかお　83
頷き　19
運命　116

笑顔　90
エネルギー　115
エピソード　69
絵本　114

オープンマインド　19
思いやり　14、78
オリジナリティ　30

か　行

開放的　19
会話　13
学外　4
学内　4
過去／現在／未来　30、151
観察力　71
関心　20
感性　71

聞く／聴く　10
訊く　15
起承転結　63
キャラ作文　69
共感　18、26
記録性　130
キーワード　112

具体性　26

敬語　26
経済面　133
傾聴(力)　16
原稿用紙　69
言語／非言語　74

高校生活　2
声のトーン／ボリューム　18
国際面　132
心の力　42
誤字脱字　69
誤字注意　26
個性　30、41

さ　行

作文　58、62

作文術　68
さしすせそ　87
雑談力　80

時間／お金　41
自己PR　26
時候のあいさつ　49
自己完結／自己満足　30
自己肯定感　39
自己実現　5
自己紹介　26
自己紹介文　26
姿勢　90
自他尊重　88
質問　15
質問力　22
質問話法　28
自発的　5
自分学（マトリックス）　34
自分探し　36
自分史　31
社会人基礎力　137
社会面　133
自由　5
住所　50
就職活動　104
就職自己PR作文　71
授業　13
恕　78
小論文　58
序論／本論／結論　108
新聞記事　124
信頼性　131

好きなもの／好きな人／好きなこと　34
スクラップ　124
ストーリー展開　64
ストレートニュース　133
スピーチ　104

政治面　132
ゼミ発表　104
セレンディピティ　116

卒業論文　104
外向き　19
忖度　78

た 行

大学生活　2
タイトル　69
他者満足　30
多様性　19
短所／長所　102

知識　71
抽象的／具体的　66
直感　115

手紙　48
出来事ロジー MAP　30
電話　94

読書　112、118

な 行

何を／なぜ　22
日記　42
ニュース　130
ニュースの格づけ　132
人間関係　16
人間性　30

ノート　62、124

は 行

表情　19
ヒーロー（ヒロイン）インタビュー　98
便箋　48

索引

フィーチャー　133
封筒　50
武器　41
プラン　2
プレゼンテーション　104
文章表現　64
分析力　58

ペアワーク　98
返事　18
編成部　134

ま 行

マイナス／プラス　102

未来スケッチ　42

メール　52
メンタルブロック　98

持ち味　30

問題解決能力　145

や 行

優しさ　14
やり抜く力　154

夢体力　42
夢ノート　42

予習／復習　62

ら 行

乱読　112、136

リフレーミング　102
リベラル・アーツ教育　154

レポート　62
論説／解説　134
論文　58
論理性　71

【著者紹介】
唐沢　明（からさわ・あきら）
大学講師、就職コンサルタント、作家。
東京書籍、ベネッセコーポレーション、サンマーク出版を経て、明治学院大学、日本大学芸術学部、横浜美術大学、東北医科薬科大学などで就職・キャリア教育・敬語・ビジネスマナー・日本語コミュニケーション学の講師を務める。その他、大学のブランディング事業や産学連携企画にも携わる。
著書に『敬語すらすら BOOK』『敬語これだけ BOOK』（以上、成甲書房）、『さすが！と言われる話し方・聞き方のビジネスマナー』（高橋書店）など多数。
唐沢明ホームページ http://akira-dream.com

協力：尾関謙一郎（明治学院大学読売キャリア形成講座講師）、渡邉あみ、江藤直樹（以上、明治学院大学読売キャリア形成講座生）、奥羽大学日本語演習受講生

大学生からはじめる社会人基礎力トレーニング

平成 29 年 4 月 30 日　発　行

著　者　唐　沢　　　明

発行者　池　田　和　博

発行所　丸善出版株式会社
〒101-0051 東京都千代田区神田神保町二丁目17番
編　集：電話（03）3512-3265／FAX（03）3512-3272
営　業：電話（03）3512-3256／FAX（03）3512-3270
http://pub.maruzen.co.jp/

ⓒ Akira Karasawa, 2017
組版／株式会社 薬師神デザイン研究所
印刷・製本／三美印刷会社株式会社

ISBN 978-4-621-30155-5　C 1030　　　Printed in Japan

JCOPY〈(社)出版者著作権管理機構　委託出版物〉
本書の無断複写は著作権法上での例外を除き禁じられています．複写される場合は，そのつど事前に，(社)出版者著作権管理機構（電話 03-3513-6969, FAX 03-3513-6979, e-mail: info@jcopy.or.jp）の許諾を得てください．

ノート